L'EXPOSITION

DE TABLEAUX,

ou

LE FAUSSAIRE,

PAR H. DE MOLIÈRE.

La vie ressemble à une coupe d'eau limpide,
qui se trouble à mesure qu'on la boit.

TOME PREMIER.

PARIS.

FROMENT, ÉDITEUR,
RUE DAUPHINE, N. 24;

MADAME Vᵉ Ch. BÉCHET, LIBRAIRE,
QUAI DES AUGUSTINS, Nᵒˢ 57 ET 59.

1830.

Imp. de Félix Locquin, rue N.-D.-des-Victoires, n° 16.

L'EXPOSITION

DE

TABLEAUX.

1503

IMPRIMERIE DE FELIX LOCQUIN,

RUE NOTRE-DAME-DES-VICTOIRES, N° 16.

L'EXPOSITION

DE TABLEAUX,

ou

LE FAUSSAIRE;

PAR H. DE MOLIÉRE.

La vie ressemble à une coupe d'eau limpide,
qui se trouble à mesure qu'on la boit.

TOME PREMIER.

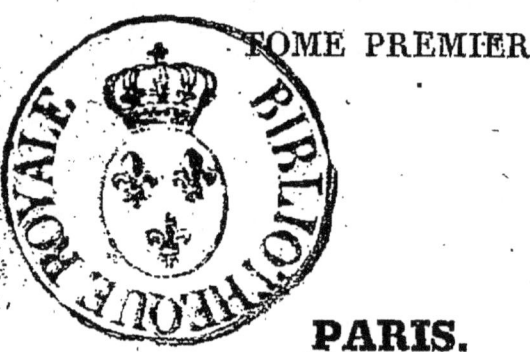

PARIS.

FROMENT, ÉDITEUR,
RUE DAUPHINE, N. 24;
MADAME Vᵉ Ch. BÉCHET, LIBRAIRE,
QUAI DES AUGUSTINS, Nᵒˢ 57 ET 59.
1830.

L'EXPOSITION

DE

TABLEAUX.

~~~~~~

CHAPITRE PREMIER.

———

Une heure au Salon.

Le jour si impatiemment attendu par le public et par les artistes venait enfin de paraître; une foule de curieux s'empressait aux portes du musée de Gand, et déjà l'on discutait, en attendant l'ouverture, sur le mérite de tableaux que l'on ne connaissait pas. Comme l'exposition n'avait lieu que tous les trois ans, et que les faveurs multipliées du gouvernement et du public encourageaient le talent des artistes nationaux, on pouvait s'attendre à voir chaque fois la belle salle du musée garnie d'une riche collection de portraits et de dessins de tous genres. L'élite des amateurs éclairés et des partisans des beaux-arts accourait des pays les plus éloignés pour jouir de ce coup-d'œil; le vif intérêt qu'ils paraissaient prendre à ce spectacle entretenait encore l'orgueil naissant et patriotique du peuple belge; et en effet, chacune des nouvelles expositions semblait confirmer de plus en plus cette vérité si flatteuse pour l'amour propre national, que le sol où fleurirent jadis les Rubens, les Vandyck, les Ruysdaël et tant de grands maîtres, n'avait rien perdu de sa fécondité; on entrevoyait même déjà dans l'avenir, et sous des auspices favorables, la naissance de cette école nouvelle où les noms de Moritz, de Ducq, de Cunwér ne se montrent pas sans éclat, et dont les succès pourront faire revivre la gloire de l'ancienne.

On visita cette fois le salon avec un empressement général; et parmi plusieurs compositions plus ou moins remarquables, il s'en trouva quelques-unes que couronnèrent les suffrages anticipés du public, avant la décision lente et circonspecte des juges qui décernent les prix.

Un de ces tableaux surtout attirait non-seulement les regards des connaisseurs par le fini de l'exécution, mais le sujet qu'il représentait piquait plus vi-

vement encore la curiosité des specta-
teurs. Moins jaloux d'exposer un tableau
que d'atteindre par ce moyen quelque
but caché, on pouvait facilement reconnaître que le peintre n'avait eu
d'autre vue que celle d'éveiller l'attention.

C'était un grand portrait d'un travail achevé, et dont la réputation se
répandit bientôt dans la ville et dans
les lieux voisins, sous le nom de *la
Belle inconnue*.

La principale figure, de dimension
naturelle, était celle d'une jeune et
belle femme; au second plan se trouvait un homme, le visage à moitié dé-
tourné, et regardant à une fenêtre ou-
verte.

La Belle inconnue était représentée

d'après nature : il n'y avait qu'une seule voix sur ce point parmi les groupes nombreux qui venaient se former de temps en temps autour du tableau ; mais l'expression d'un cœur vivement agité remplaçait la pose tranquille que les bons maîtres s'efforcent de donner à leurs têtes.

Cette jeune dame, d'une physionomie douce et gracieuse, qui se levait du siége placé à côté du chevalet abandonné par le peintre, et se penchait, les mains jointes, dans une attitude suppliante, vers un objet inconnu; ces larmes qui brillaient dans des yeux indices d'une belle âme; la douleur qui semblait faire trembler ses lèvres serrées : le peintre avait-il créé une telle figure pour n'être vue qu'avec le sentiment du plaisir ou de l'admiration ?... Non, elle voulait parler, communiquer quelque secret important, révéler les profondes angoisses de son âme. Elle regardait avec une expression si touchante, que l'on était toujours tenté de s'écrier : Pauvre victime, que puis-je faire pour toi ?

— Quelle tête ! et quelle vérité d'expression ! s'écria un jeune homme qui depuis une heure était demeuré en extase devant le tableau.

— Certainement ceci n'est point un jeu de l'imagination, dit aussitôt un petit homme de cinquante ans environ, qu'à son costume sérieux et à son regard observateur on pouvait aisément reconnaître pour un médecin. Ne pensez-vous pas comme moi, monsieur, continua-t-il, en s'adressant au jeune homme qui venait de parler, et avec lequel il n'était pas fâché de lier conversation sur un sujet qui excitait vivement sa curiosité; ne pensez-vous pas comme moi, que, pour arriver à l'idée de peindre une situation du genre de celle-ci, il faut au moins en avoir été le témoin, et que surtout on ne l'expose pas en public sans y être conduit par quelque motif puissant?

— Mais qui peut vous porter à croire, monsieur, répondit le jeune homme, que le sujet de ce tableau n'est pas dû seulement au caprice du peintre?

— J'en ai, pour ainsi dire, la conviction intime : la figure de cette jeune dame m'est parfaitement connue.

A peine le médecin eut prononcé

ces mots, qu'une foule de personnes rassemblées devant le tableau se serrèrent aussitôt contre lui, espérant qu'il allait en dire davantage, et que leur curiosité serait enfin satisfaite.

— Et vous est-elle connue aussi, monsieur, la figure de cet homme sombre et recueilli en lui-même, qui paraît se pencher vers la fenêtre, et dont les traits fortement prononcés produisent une impression si désagréable ?

Cette question était adressée au docteur par une petite dame qui semblait appartenir plutôt au siècle précédent qu'à celui-ci, mais dont la parure annonçait encore des prétentions à la jeunesse.

— Je vous assure, madame, qu'elle

m'est absolument inconnue, répondit
laconiquement le docteur.

— Cette figure représente sans doute
le peintre qui vient de travailler au chevalet abandonné, dit une autre dame
moins âgée qui donnait le bras à la première interlocutrice.

— Y penses-tu, ma chère amie? répondit celle-ci; ce personnage sinistre
qui inspire de l'éloignement par cela
seul qu'il se tient si froidement à l'é-
cart sans prendre aucun intérêt à la
belle suppliante, ne peut être que son
tyran....

— Ou son mari, reprit le jeune
homme.

— C'est presque toujours la même
chose, dit vivement la vieille coquette.

— Assurément ce n'est pas là la physionomie d'un amant, interrompit vivement l'autre dame, en s'adressant au jeune homme ; n'est-il pas vrai, monsieur, qu'un amant est plus jeune et plus aimable que cela ?

— Plus aimable ? oh ! sans doute, quand il est inspiré par la vue d'une créature aussi céleste.

Et comme en disant ces mots ses yeux s'arrêtèrent un moment par hasard sur la vieille coquette, celle-ci se crut décemment obligée de le remercier par un sourire aussi gracieux que put le permettre sa physionomie.

— Comment interpréter le geste pénible et douloureux par lequel cet ange semble implorer du secours? A qui sa prière s'adresse-t-elle, et pourquoi cet air de précaution à l'égard de l'autre personnage? Il semblerait qu'elle craint d'en être aperçue.

— Monsieur, dit l'autre dame, en désignant le docteur, aura peut-être la complaisance de nous éclaircir ce mystère qui probablement n'en est pas un pour lui, puisque la figure principale lui est connue?

— Je suis désespéré de ne pouvoir satisfaire votre désir, madame, répondit le docteur, mais je vous avoue franchement que la personne qui m'expliquerait cette énigme me ferait à moi-même un grand plaisir.

— Une inscription est placée au bas du tableau, dit le jeune homme; si nous pouvions approcher assez pour la lire, peut-être nous offrirait-elle quelques éclaircissemens.

— Monsieur a raison ; s'écria la coquette ; allons lire l'inscription.

Mais la lecture de l'inscription ne fit qu'accroître l'incertitude et redoubler la curiosité ; elle ne contenait que ces mots : « Me connais-tu ? parle ; je t'en conjure, nomme-moi. »

— Eh, mon Dieu ! s'écria le jeune homme, nous nous fatiguons depuis une heure à chercher une explication que doit nécessairement nous donner le livret.

— Il est aisé de nous en procurer un, dit le médecin ; on les distribue maintenant.

Le jeune homme fend aussitôt la

foule et revient, après quelques minutes, tenant un livret, mais n'ayant
pas l'air d'être plus instruit qu'auparavant ; cependant il le communique
au docteur, vers lequel se penchent
les deux dames afin de mieux entendre.

« Les personnes qui pourraient don-
» ner quelques renseignemens sur la
» jeune dame qui fait le sujet de ce
» tableau, sont priées instamment de
» s'adresser au directeur de la galerie ;
» un long retard pourrait être la cause
» de bien des infortunes. »

Telle était la phrase contenue dans
le livret ; mais si elle ne satisfit point
la curiosité des personnes qui entouraient le docteur, elle produisit du
moins sur celui-ci une impression bien
singulière, car il rendit vivement le

livret au jeune homme, coudoya une vingtaine de personnes qui se trouvaient devant lui, et disparut, laissant dans la plus grande surprise les deux dames qui l'avaient interrogé.

— Il est tout-à-fait aimable, ce monsieur! dit la coquette; je crois, Dieu me pardonne, qu'il ne nous a même pas saluées !

— Pour moi, je suis certaine qu'il en sait, au sujet de ce tableau, plus long qu'il n'a voulu l'avouer.

— Eh ! sans doute, s'il n'a rien daigné nous dire, c'était mauvaise volonté de sa part.

— Il faut convenir que ces messieurs montrent bien peu de complaisance pour notre sexe !

— Ah ! ma chère, ne m'en parle

pas, s'écria la coquette, en s'apercevant que le jeune homme n'était plus
auprès d'elle ; les hommes aujourd'hui
se ressemblent tous !

Et prenant un air boudeur qui ne
la rendait pas plus attrayante, elle
s'éloigna avec son amie, et se perdit dans
la foule des curieux. Comme au reste
leur connaissance n'est nullement nécessaire au lecteur, nous ne perdrons
pas notre temps à les y chercher.

Quant au jeune homme pour lequel
cependant nous sommes loin d'éprouver la même indifférence, nous le lais-
serons aussi parcourir la salle du Musée,
l'esprit uniquement occupé du portrait
de *la belle Inconnue* ; et reportant nos
regards sur des années antérieures,
nous allons entrer dans quelques dé-

tails qui ne seront peut-être pas sans intérêt ; nécessaires d'ailleurs à l'intelligence de certaines particularités, ils completteront l'histoire des personnages dont nous avons à parler.

~~~~~~

CHAPITRE II.

Misantropie et Jalousie.

LE comte de Lesthein était un jeune seigneur d'une figure agréable et d'un nom considéré. A ces avantages il joignait un esprit et un discernement qui le rendaient les délices du beau sexe et lui attiraient l'envie de tous les jeunes

I..

gens. Il avait reçu une bonne éducation,
dont il avait retiré, en dépit des flatteurs, une grande défiance sur son
propre mérite. Plusieurs femmes es-
sayèrent de lui donner une haute opinion de lui-même, et de le guérir de cette
profonde indifférence qu'il semblait
avoir pour ses qualités personnelles.
Leurs soins obligeans échouèrent près
de lui : il regarda les louanges qu'on
lui prodiguait comme un hommage
rendu à sa beauté, et les écouta avec
d'autant moins de plaisir qu'il n'était
redevable qu'à la nature de ce genre
de mérite qui lui semblait les inspirer.

Le jeune comte se lassa donc bientôt
des éloges qu'il recevait, et se défia de
ceux qui les lui donnaient. Cette défiance devenant de plus en plus opi-
niâtre, sa compagnie fut bientôt si dé-

sagréable et si ennuyeuse qu'il se vit
délaissé de tous ses amis, et aussi né-
gligé et méprisé qu'il avait été d'abord
recherché et estimé. Cette désertion
générale, qu'il ne manqua pas d'attri-
buer au dépit de n'avoir pu le tromper,
acheva de le rendre chagrin, hourru
et de mauvais naturel; ses regards de-
vinrent inquiets, sa raison s'affaiblit.
Pensant que tous les cœurs étaient la
proie du vice et de l'hypocrisie, il cessa
de croire qu'il y eût de l'honneur chez
les hommes et des vertus chez les femmes, et ne vit plus dans ses semblables
que des monstres qu'il fallait fuir soi-
gneusement, afin de ne point être victime de leur perfidie et de leur méchanceté. Il n'eut pas plutôt formé cette résolution qu'il se retira dans une terre
qu'il possédait à vingt lieues de Vienne.

— Ici, s'écria-t-il, en y arrivant, je trouverai une retraite sûre contre la fourberie et la perversité des hommes ! La lecture et la chasse me procureront les seuls plaisirs véritables que l'on puisse goûter dans ce monde, et mes jours s'écouleront, sans regrets, dans le repos et le bonheur.

Les portes de son château furent par ses ordres fermées aux visites, et il commença aussitôt à suivre le plan de vie qu'il avait arrêté.

Plusieurs mois se passèrent sans que Lesthein songeât seulement à changer de résolution. Cependant cette manière de vivre, si peu naturelle dans un jeune homme, commença, sans qu'il s'en rendît encore raison, à lui devenir fastidieuse; il n'éprouvait déjà plus la même ardeur pour la chasse, et il tombait souvent dans des accès de mélancolie dont les suites étaient à craindre pour sa santé.

Un jour, épuisé de fatigue après avoir erré long-temps au milieu de la campagne, il s'était assis au pied d'un arbre et passait tristement en revue les différens événemens de sa vie ; des cris répétés le tirent soudain de la rêverie où il était plongé ; il lève la tête et aperçoit une femme qui, emportée par l'impétuosité de son cheval, court risque de perdre la vie ; il s'élance aussitôt après elle, et l'atteint au moment où, le cheval s'étant abattu dans un étang, elle tombe et disparaît sous l'eau. Lesthein ne balance pas un instant, et, secondé par le sort qui réservait la jeune inconnue pour de plus terribles infortunes, il la saisit et l'amène heureusement sur le bord.

Quoique la pâleur de la mort fût répandue sur le visage de celle qu'il venait de sauver, il ne put voir sans émotion des traits où semblait s'être épuisé tout le génie de la nature; il la contemplait avec une admiration qui pouvait devenir fatale pour elle, si l'arrivée d'un assez grand nombre de chasseurs et de domestiques qui couraient avec inquiétude à la recherche de la jeune dame, n'eût enfin rendu le comte à lui-même.

Près de là se trouvait la maison d'un fermier; on y transporta l'inconnue suivie de Lesthein, dont les yeux exprimaient toute l'agitation d'un cœur en proie à des sentimens qu'il n'a pas encore éprouvés. On lui dit alors qu'elle appartenait à la famille des Mercy et demeurait dans le voisinage. Cette découverte lui fit plaisir, sans qu'il sût trop pourquoi : était-ce de l'amour, était-ce de la pitié seulement qu'il ressentait ? Ignorant encore la nature de son émotion, il demeurait pensif, tremblant et consterné comme si son destin eût été attaché à celui de mademoiselle de Mercy. La peur étant le seul mal que cette dernière eût souffert, elle ne tarda pas à reprendre ses sens ; ses yeux s'ouvrirent, et elle reconnut les personnes qui l'entouraient.

Ses regards se portèrent enfin sur Lesthein ; la vue de ce jeune homme qui paraissait si touché de sa situation, et dont les regards étaient fixés sur elle,

fit naître la rougeur sur ses joues. Lesthein, sans remarquer la confusion de
mademoiselle de Mercy, leva ses mains
vers le ciel, et dans le transport de la
joie, s'écria :

— Elle vit ! Dieu soit loué !

Il tomba à genoux devant elle, et lui
prit une main qu'il arrosa de ses larmes.
Ce mouvement surprit mademoiselle de
Mercy, mais elle ne put s'en offenser ;
la figure du jeune homme était si
belle et si intéressante, dans l'attitude
où il se trouvait, qu'elle laissa paraître
plus de satisfaction que de mécontente-
ment ; il semblait qu'elle eût oublié
le danger qu'elle venait de courir, pour
jouir du spectacle qui se présentait à
elle ; son cœur, tranquille jusqu'à ce
jour, partagea le trouble qui agitait

celui de Lesthein ; elle n'osa rompre le silence ; et le comte était encore à ses pieds quand la maîtresse de la maison rentra avec sa fille , portant du linge et des vêtemens , et le supplia de les laisser seules avec mademoiselle de Mercy.

— Ce jour, madame, s'écria Lesthein, sera le plus heureux ou le plus malheureux de ma vie !

Puis baisant la main qu'il tenait entre les siennes, il se leva et se retira dans un autre appartement.

La singularité de son aventure convainquit le comte que l'amour le destinait à mademoiselle de Mercy, et qu'il combattrait en vain cette inclination naissante.

— Parviendrai-je à lui plaire ?

Telle fut la première question qu'il se fit. Il ne s'était pas encore bien prouvé pour sa satisfaction qu'il fût digne d'elle, lorsque le bruit d'une voiture le tira de sa rêverie et excita sa curiosité. Ayant appelé un domestique, il apprit que le comte et la comtesse de Mercy venaient d'arriver avec un jeune homme.

— Un jeune homme ! s'écria Lesthein ; son frère sans doute ?

— Non, monsieur ; mademoiselle de Mercy est fille unique.

— Un jeune homme ! répéta plusieurs fois Lesthein, quand le domestique fut sorti, et ce n'est pas son frère ! Ah ! nul doute, ce ne peut être que son amant ; son amant ! grand Dieu ! je me perds dans mes pensées.

Le comte de Mercy se présenta dans cet instant, accompagné du jeune homme dont avait parlé le domestique. Les yeux de Lesthein parcoururent aussitôt de la tête aux pieds celui qu'il avait déjà jugé être son rival ; et quoique dès le premier moment il eût jugé qu'il ne devait nullement plaire à mademoiselle de Mercy, son inquiétude ne fut point apaisée ; il le regarda comme d'autant plus dangereux que, peut-être faisait-il oublier sa laideur par un mérite préférable à la beauté.

— Recevez, monsieur, lui dit le comte de Mercy, les actions de grâces d'un père qui vous doit la vie de son seul enfant ; jamais, je le sens, je ne pourrai m'acquitter envers vous d'un tel bienfait.

2.

— Je trouve ma récompense, répondit Lesthein, dans le service même que j'ai eu le bonheur de rendre à mademoiselle de Mercy.

— Elle vient d'apprendre à l'instant le nom de celui qui s'est acquis tant de droits à sa reconnaissance.

— Ne lui laissez jamais croire qu'elle m'en doive aucune. Ayant aperçu le premier son malheur, mon devoir était de voler le premier à son secours.

Le comte de Mercy présenta son jeune ami à Lesthein, qui s'empressa de demander s'il était son parent.

— Non, répondit le comte, c'est le fils d'un de mes amis qui fut tué dans une bataille en se jetant au devant d'un coup de sabre qui m'était destiné. Le capitaine Lascy, ajouta-t-il, en serrant affectueusement la main du jeune homme, est chez moi comme s'il était mon propre enfant, et ma fille l'aime autant que s'il était son frère; aussi bon, aussi brave que son père, il justifiera toujours l'estime que l'on fait généralement de son honneur et de sa sensibilité.

Cet éloge ne pouvait plaire à Lesthein, qui en conclut que le capitaine aimait mademoiselle de Mercy, puisqu'il était sans cesse auprès d'elle, et qu'il en devait être aimé, puisqu'il méritait tant de louanges de la part du père. Il précipita même tellement son jugement là-dessus, et le trouva si fondé, qu'il commença dès-lors à délibérer s'il ne serait pas plus prudent, pour lui, de fuir mademoiselle de Mercy, que de s'opposer aux suites d'un amour dont les contrariétés augmenteraient encore nécessairement la violence.

Il avait presque résolu de ne former aucune liaison avec cette famille respectable, et de se soustraire, en quittant sur-le-champ la ferme, aux invitations qu'on ne pouvait manquer de lui faire, lorsque la comtesse lui fit savoir le désir qu'elle avait de le connaître.

Ne pouvant décemment répondre par un refus, il consentit donc à se rendre dans la salle où était rassemblée la famille du comte de Mercy, mais bien résolu à ne point voir dans sa fille la plus aimable des femmes, et à braver tout le pouvoir de ses charmes.

Au moment où il entrait, Lascy

exprimait avec feu la joie que lui faisait éprouver l'heureux rétablissement de sa jeune amie ; et celle-ci paraissait l'écouter avec plaisir.

— Je ne me suis pas trompé, dit Lesthein en lui-même, leur amour est mutuel.

Et sans daigner regarder mademoiselle de Mercy qui s'approchait de lui, laissant éclater sa reconnaissance sur chacun de ses traits, il reçut ses remercîmens avec l'expression de la plus froide indifférence.

Cette conduite, qui n'était ni d'un homme poli, ni d'un homme sensible, fit penser qu'il était réellement, comme on le disait, d'un caractère sauvage et capricieux.

Mademoiselle de Mercy retourna à sa place, surprise et déconcertée ; elle s'attendait d'autant moins à cette réception que les paroles prononcées par le jeune comte, au moment où il venait de la sauver, avaient pénétré jusqu'à son cœur et n'en devaient plus être effacées.

Lesthein regardait d'un œil calme l'effet de son impertinence, et s'offensait encore de l'étonnement que causait sa conduite.

— Quelle froideur ! quelle ingratitude ! pensait-il en lui-même ; comme ils saisissent avidement un prétexte d'oublier ce qu'ils me doivent ! Trouverai-je jamais un être sincèrement juste et vertueux ?

Mademoiselle de Mercy demeurait

plongée dans sa rêverie. Le comte et
la comtesse , ne sachant comment agir
avec un homme d'un caractère si sin-
gulier, se regardaient en silence et d'un
air visiblement gêné. Lascy, ne conce-
vant rien à cette situation pénible ,
voulut connaître la cause d'un chagrin
qui lui semblait d'autant plus extraor-
dinaire , qu'il savait de quelle joie avait
rempli tous les cœurs le parfait rétablissement de son amie.

— Monsieur, dit-il, en s'adressant
à Lesthein , vous êtes trop sérieux pour
un homme de votre âge , et surtout
après un événement qui doit vous avoir
comblé de plaisir ; partagez la joie
d'une famille que vous rendez si heureuse.

— Je ne suis pas naturellement gai,

répondit Lesthein, en qui la rêverie
de mademoiselle de Mercy avait d'abord
réveillé un espoir que son imagination
lui avait fait fait rejeter presque aussitôt ; quoique jeune, j'ai déjà eu ma
part des misères humaines : il m'est
rarement survenu quelque heureux
événement, sans que soudain mon bonheur n'ait été mêlé d'amertume.

Et il lança sur mademoiselle de
Mercy un regard qui expliquait parfaitement le sens de cette phrase.

— La solitude, monsieur, reprit
la comtesse, qui feignit de ne pas l'entendre, doit rappeler à votre esprit le
souvenir de vos infortunes ; c'est dans
la dissipation seule que vous devez leur
chercher un remède : venez nous visiter
quelquefois ; nous tâcherons de vous

faire chérir une vie que vous semblez supporter avec peine.

— Madame, madame, s'écria Lesthein, en soupirant, je crains bien que le bonheur ne m'ait fui pour jamais ; je n'ose me flatter d'obtenir un meilleur sort.

— Vous avez eu peut-être quelque passion malheureuse.... Mais je m'apperçois que je deviens indiscrète.

— Non, madame, interrompit vivement Lesthein, jusqu'à ce moment je n'avais point connu l'amour ; puissé-je rester toujours dans mon ignorance !

— Vous m'étonnez ! Avez-vous si mauvaise opinion des femmes que vous fussiez fâché d'être aimé de l'une d'elles?

— La crainte seule de déplaire,

madame, a pu faire naître en moi un tel désir.

— Votre crainte, monsieur, n'est point flatteuse pour notre sexe ; vous nous supposez donc insensibles au mérite d'un homme d'honneur.

— Hélas ! madame, le caprice est souvent le juge du mérite d'un homme ; l'amour est rarement guidé par la raison. Et si mon malheur me faisait aimer une jeune personne dont le cœur fût engagé ! ne serai-je pas alors le plus à plaindre des hommes ?

Le son de voix altéré de Lesthein, cette peinture vraie d'une crainte qu'il ne regardait point comme une chimère, eurent promptement excusé sa conduite auprès de mademoiselle de Mercy ; un regard, qu'elle accompagna d'un demi-sourire, annonça au jeune comte le désir qu'elle avait de détruire l'idée qu'il se faisait de son malheur.

— Vous me plaignez ? lui dit Lesthein, en s'approchant d'elle avec timidité ; oh ! combien je vous rends grâces d'une pitié si généreuse !

— Je souhaite, monsieur, reprit en rougissant mademoiselle de Mercy, que vous ne réalisiez point une situation que vous n'avez jamais connue.

Lesthein allait répondre, quand la comtesse, remarquant son trouble et celui de sa fille, répéta qu'il devait suivre son conseil, et ne point s'inquiéter de la possibilité d'un malheur qui peut-être ne lui arriverait jamais.

— Laissez, ajouta-t-elle, avec un

sourire, laissez la raison commander à votre esprit ; je veux que vous appreniez de nous à vivre heureux : venez nous voir souvent ; j'insiste sur ce point.

Lesthein accepta l'invitation ; on insista pour qu'il commençât dès le même jour ; et, quittant la ferme avec toute cette aimable famille, il la suivit au château de Mercy.

— J'aime, se disait Lesthein pendant la route, je n'en puis plus douter ; quels yeux ! quelle physionomie ! quelle grâce dans tous ses mouvemens ! que son sourire est enchanteur ! que sa candeur est séduisante ! Mais le capitaine Lascy ! La familiarité avec laquelle ils se parlent tous les deux ! Élevés ensemble n'ont-ils pas d'une estime mutuelle fait un sentiment plus tendre ?

Si ce n'était que de l'amitié !..... Mais comment supposer qu'il a été insensible à la beauté de mademoiselle de Mercy? Elle-même a-t-elle pu rester indifférente au mérite de Lascy? Cependant quand l'admiration me retenait prosterné à ses pieds, elle semblait partager mon trouble, y trouver même du plaisir..... Quand j'ai fait entendre la crainte que j'avais de la trouver engagée, ne m'a-t-elle pas exprimé son désir de la voir cesser cette crainte? Si elle eût aimé le capitaine, elle ne m'eût point témoigné sa reconnaissance d'une manière aussi forte, aussi touchante qu'elle l'a fait. Cette pitié qu'elle a daigné m'accorder.... Non, ce n'était point de la pitié seulement que lui dictait son cœur.... Pourquoi ces sourires, cette contenance? En présence

même de Lascy, elle semblait se ré-
jouir d'un triomphe certain sur moi....
Elle ne l'aime donc pas!

Entretenant ainsi son esprit d'espérances flatteuses, Lesthein arriva au
château de Mercy. Son cœur, pour la
première fois, connut l'émotion du
plaisir, et sa physionomie, dépouillant
cette teinte de mélancolie qui la rem-
brunissait depuis si long-temps, se
revêtit d'une expression noble et belle;
il se montra si gai, et en même temps
si poli, si spirituel et si judicieux, si
éloquent dans ses regards et si discret
dans ses paroles, que mademoiselle de
Mercy, remarquant avec joie ce changement dans sa manière d'être, ne put
s'empêcher de lui en faire compliment.

— Il est vrai, mademoiselle, lui

répondit Lesthein, que jamais je n'é-
prouvai ce que j'éprouve maintenant;
je me trouve moi-même un autre
homme; cette révolution dans mon
esprit, quoique soudaine et inattendue,
est cependant réelle; la cause.....

Il s'arrêta et poussa un soupir.

— La cause, reprit-il d'une voix
plus timide, vous ne me pardonneriez
peut-être pas de vous l'avoir dite?...

Une vive rougeur répandue sur les
joues de mademoiselle de Mercy in-
diquait assez que cette cause ne lui
était pas inconnue.

— Pourquoi, dit-elle, en cherchant
à se remettre, serai-je fâchée de posséder la confiance d'un homme qui s'est
acquis tant de droits à mon estime et à
ma reconnaissance?

2..

— Et si mon secret vous offensait ?...
Je crois voir déjà le déplaisir dans vos
yeux ; vous ne m'écouteriez pas d'un
air favorable. Non, je ne parlerai point ;
je serais inconsolable d'avoir mérité
votre indignation.

La modestie empêchait mademoiselle
de Mercy de l'interroger davantage :
elle garda le silence, aussi impatiente
d'entendre l'aveu de ce secret, qu'il
l'était lui-même de le lui faire.

— Vous ne répondez point, aimable
Emilie ? puis-je espérer mon pardon ?

— Je vous l'ai déjà dit, je ne saurais
m'offenser de votre confiance.

— Ce n'est pas assez pour me ras-
surer.

— C'est tout ce que je puis vous
promettre.

Et elle se retira, le laissant plongé dans la rêverie. Il était facile d'apercevoir dans ce mouvement un peu d'impatience et de contrariété.

— Que je suis fou ! se dit Lesthein ; qui m'empêche de parler ? Sa contenance annonçait-elle du courroux ? La crainte me fera-t-elle toujours voir ce qui n'est pas ?

Retournant aussitôt la tête, il aperçut le capitaine appuyé sur le dos de la chaise d'Emilie, et jouant avec une boucle de ses cheveux. Sa jalousie se réveilla soudain.

— O trompeuse espérance ! s'écria-t-il hors de lui; que tu me rends malheureux !

La singularité de cette exclamation

surprit toute la famille. On en attendait avec impatience l'explication ,
quand Lesthein, après quelques minutes de silence , tira sa montre, et prit
congé du comte et de la comtesse.

— Vous ne partirez pas ! s'écria
madame de Mercy ; pourquoi nous
quittez-vous , abandonnez-vous sitôt
vos nouveaux amis ?

— La prudence, madame , m'ordonne de m'éloigner , lui répondit le
comte, à l'oreille ; ne me retenez point;
je vous en supplie , laissez-moi partir.

Puis, s'étant remis de son trouble ,
il les assura qu'il se glorifiait de leur
estime, et qu'il ne s'en montrerait jamais indigne.

— Quoi ! vous nous quittez déjà ,

monsieur ? lui dit mademoiselle de Mercy.

— Il n'y a aucun signe de fausseté dans son accent, pensa Lesthein ; me serai-je trompé ? Est-ce un si grand mal d'ailleurs de jouer avec une boucle de cheveux ? L'amitié ne permet-elle pas quelques familiarités ? Mon soupçon est une insulte pour son innocence ; j'ai eu tort.

Il s'approcha d'Emilie.

— Vous m'ordonnez donc de rester, mademoiselle ?

— Si je reponds oui , serez-vous satisfait ? la reconnaissance me fera dire gaîment le mot.

— La reconnaissance ! Ah ! je vous en conjure, ne mettez pas à un léger

service plus de prix qu'il n'en mérite ;
revenons plutôt à ce que vous disiez :
vous m'ordonnez donc de rester ?

— Eh bien ! soit, je vous l'ordonne,
répondit en souriant mademoiselle de
Mercy.

— Lesthein resta jusqu'au soir ; il
essaya, par son amabilité, de faire
oublier l'inconvenance de sa conduite,
et sa gaîté fut d'autant plus naturelle,
qu'ayant entendu dire au comte que
Lascy venait d'être fiancé à une cousine d'Emilie , il sentit aussitôt ses
craintes et ses soupçons se dissiper entièrement.

— Voilà un homme bien capricieux , dit le comte de Mercy à son
épouse , lorsque Lesthein se fut retiré ;

malheureuse la femme que sa mauvaise fortune rendra amoureuse de lui!

— Il aime Émilie, répondit la comtesse, il ne peut le dissimuler.

— Plaise à dieu qu'Émilie ne le lui
rende pas! cet homme n'a pas de caractère; il est esclave de sa moindre fan-
taisie; quelle peut être la cause de cette
exclamation qui nous a paru si singulière?

— La jalousie.

— Et de qui peut-il être jaloux?

— De Lascy.

— Mais c'est une véritable extrava-
gance! ne lui ai-je pas dit moi-même
que Lascy allait épouser la cousine d'É-
milie?

— Aussi, depuis ce moment, est-il devenu tout aimable.

— O ma pauvre Emilie ! Dieu te garde d'aimer jamais un homme d'un si malheureux caractère !

Le vœu du comte ne fut pas exaucé.

Lesthein revint souvent au château de Mercy ; voulant effacer tout-à-fait l'opinion défavorable que sa première visite avait dû donner de ses manières et de son esprit, il saisit un jour l'occasion d'ouvrir son cœur à la comtesse. Ils se promenaient dans le jardin...

— Je veux, lui dit la comtesse, avoir votre sentiment sur quelques embellissemens que j'ai dessein de faire faire à ce parterre.

— Je vous répondrai avec sincérité, madame.

Et ils détournèrent dans la première allée ; le comte et le capitaine poursuivirent leur chemin. Emilie resta en arrière, s'amusant à cueillir des fleurs, et ne pensant peut-être pas trop à ce qu'elle faisait. Lesthein eut donc alors pleine liberté d'amener une explication.

— Votre estime, madame, dit-il à la comtesse, est si nécessaire à mon bonheur, que je l'obtiendrai même au risque de perdre votre amitié ; ayez la bonté de m'écouter avec patience : si j'ai le malheur de ne point vous faire approuver mes sentimens, je suis du moins certain que vous ne me refuserez point votre pitié. Je suis venu me confiner dans cette campagne, le cœur plein de mépris pour un monde en qui je n'ai reconnu d'autre vertu que de savoir cacher ses vices ; la coquetterie, la fausseté des femmes, l'effronterie, l'indécence des hommes, m'ont donné un tel dégoût de la société, que, perdant tout espoir de trouver jamais une amante fidèle, un ami sincère, j'avais résolu de me soustraire à tous les regards, et de mener, pour être heureux, une vie solitaire. Le hasard me conduit sur le chemin de votre fille ; ému de sa situation, je le suis encore plus de sa beauté ; l'amour le plus violent succède dans mon cœur au premier mouvement de l'humanité ; voilà tous mes projets aussitôt oubliés, et pour la première fois je cède au désir de plaire. Tels étaient mes sentimens, quand le tendre intérêt du capitaine pour Emilie, remplit mon esprit de craintes et

de soupçons injustes..... Puissé-je
par cet aveu vous faire excuser l'ab-
surdité de ma conduite pendant notre
première entrevue! puisse aussi la démarche que je fais aujourd'hui ne pas
être le commencement de mon malheur! De grâce, ne me cachez point le
sort qui m'attend; j'adore Emilie; en
elle seule je mets toute ma félicité; il
est impossible d'aimer comme je le fais,
et de n'avoir pas le cœur rempli de
crainte.

— Ma fille ne trouvera jamais en
nous un obstacle à son bonheur; nous
laissons à sa raison le soin de faire un
choix digne d'elle: l'homme qui lui
plaira sera son époux.

—Oh! que ne suis-je cet heureux
mortel! s'écria Lesthein avec transport.

3.

Le comte de Mercy, sa fille et le capitaine s'approchant alors, la conversation devint générale, et Lesthein sut l'animer par son esprit et sa gaîté ; s'abandonnant entièrement au désir d'être aimable et à l'espoir de réussir, il déploya avec art les charmes de sa jeunesse, et mit en avant, comme son plus grand avantage, le mérite dont il était doué ; plus de caprices, plus de transports d'une jalousie insupportable ; Emilie, par le charme de sa conversation, sut le réconcilier tout-à-fait avec son sexe. Près du capitaine, dont il ne put s'empêcher d'estimer les connaissances et les qualités, il étudia l'histoire du cœur humain ; le comte et la comtesse le guérirent peu à peu de son mépris pour le monde, et le convainquirent enfin de la nécessité du mal et du bien.

Jamais on ne vit deux amans plus favorisés de la nature et de la fortune, plus tendres, plus délicats, plus dignes l'un de l'autre; il ne respirait que pour la rendre heureuse; elle n'avait d'autre soin que celui de lui plaire; dans leurs regards se lisaient toujours quelque désir, une expression affectueuse, un besoin de parler de leur amour; ils s'estimaient, s'aimaient, se respectaient l'un l'autre.

Le comte de Mercy céda enfin aux sollicitations de Lesthein: le mariage des deux amans fut célébré le même jour où Lascy conduisit sa fiancée à l'autel.

CHAPITRE III.

Séduction et Vertu.

LE comte et la comtesse de Mercy
ne jouirent pas long-temps du bonheur
de leurs enfans. Le premier, huit jours
après le mariage de sa fille, se cassa
la cuisse en tombant de cheval, et mou-
rut des suites de cette blessure ; son
épouse, dont il avait toujours été tendre-

ment chéri, ne lui survécut que de quelques mois; les caresses mêmes de son Emilie ne purent la retenir à la vie, et le nom du comte fut son dernier soupir.

Un secret pressentiment qui semblait avertir Emilie que la main inflexible du malheur ne devait plus cesser de s'appesantir sur elle, rendit sa douleur encore plus vive, et souvent elle passa des jours entiers à verser des larmes sur la tombe qui renfermait les objets de son affection.

Cependant l'amour toujours croissant de Lesthein, la douce jouissance que lui fit bientôt éprouver le bonheur d'être mère, parvinrent enfin à la distraire de son chagrin; l'amitié lui offrit aussi ses consolations. Lascy, cédant aux vives sollicitations de son épouse, avait quitté le service, et s'était fixé dans un petit bien qu'il possédait près du château de Mercy. Les deux couples vivaient dans une intimité parfaite ; pendant dix années aucun nuage ne vint obscurcir leur vie, et leurs jours se fussent ainsi écoulés dans une suite continuelle de félicités, s'il ne se fût élevé dans le cœur de Lesthein une nouvelle passion trop souvent incompatible avec le bonheur : l'ambition.

— Tu es libre, dit Lascy, un jour que le comte lui détaillait avec complaisance ses projets pour l'avenir ; je vois trop que mes conseils seraient sans effet sur toi ; va, si tu le veux, jouer à la cour le rôle de solliciteur, essaie de réaliser les beaux rêves de ton imagination ; pour moi, je ne connais de

vrai bonheur que celui que me font
goûter l'amour de mon épouse et les
embrassemens de mon fils : tu ne trouve-
ras donc pas surprenant que je refuse
d'imiter ta conduite en cette occasion.

Lesthein fit acheter à Vienne un
hôtel magnifique, et s'y installa quelque temps après avec sa famille. Ses
prétentions et sa fortune l'obligèrent
à recevoir les personnages les plus distingués. Malgré son goût pour une vie
retirée et paisible, Emilie fut obligée,
pour plaire à son mari, de se lancer
dans ces sociétés frivoles que gouver-
nent la mode et la folie; ses vingt-six
ans ne lui avaient rien fait perdre de
ses charmes ; entourée d'admirateurs,
elle sut, par sa douceur et par son esprit, gagner les suffrages des personnes

même de son sexe, et fut bientôt regardée comme la femme la plus aimable de la cour. Mais les hommages et les éloges qu'on lui prodiguait ne pouvaient parvenir à lui faire oublier le bonheur et le calme dont elle jouissait au château de Mercy.

— Je suis bien à plaindre, disait-elle un jour à Lesthein ; je n'aime que toi ; avec toi seul je puis être heureuse, et sans cesse je suis éloignée de toi! obligée de me dévouer aux nouvelles occupations que m'impose le monde, à peine m'est-il accordé de jouir un moment des caresses de mon fils, de ma fille! La nuit, le jour, il faut que je me livre à des plaisirs qui me sont bien pénibles, puisqu'ils me privent continuellement de la présence des êtres qui me sont chers. Mon bien-aimé, retournons à notre terre ; là, notre amour, nos entretiens nous rendraient un bonheur dont la pensée seule me fait tressaillir de joie ; ah ! crois-moi, mon unique désir est de vivre avec toi et pour nos enfans.

Lesthein!, persuadé que la vertu de son épouse était une sauvegarde suffisante contre l'attrait de l'exemple et la flatterie de ses admirateurs, ébloui d'ailleurs par les brillantes promesses dont on n'était point avide à son égard, s'opposa vivement au désir d'Emilie.

— Les personnes de notre rang, lui répondit-il, doivent sacrifier à l'usage ; nous n'avons pas, il est vrai, une heure dont nous puissions jouir ; la grandeur est un véritable esclavage qui nous défend de vivre selon nos goûts ; mais si je quittais la cour dans un moment où rien ne manque à ton triomphe et au mien, ma retraite serait mal interprétée ; chacun voudrait y voir de la jalousie : mon respect pour toi, Emilie, ne me permet pas de m'exposer à un tel reproche.

Le ton ferme de Lesthein annonçait qu'il était inutile de chercher à ébranler sa résolution ; et quoique le motif qu'il donnait à sa résistance fût plus spécieux que plausible, Emilie ne répliqua point ; elle se contenta de soupirer tristement, en jetant un regard d'effroi sur l'avenir.

Parmi les seigneurs qui fréquentaient la maison de Lesthein, se faisait re-

marquer le baron de Voldemar. Marié
depuis peu à la riche héritière du
comte de Walter, il avait cru trouver
dans cet hymen le moyen d'acquitter
des dettes énormes, et de conserver le
rôle brillant qu'il avait joué jusqu'a-
lors. Ses espérances avaient été déçues :
le comte de Walter, se voyant sur le
point de mourir, et ayant appris à connaître le caractère de son gendre, venait de faire son testament de telle
manière, que sa fille demeurait seule
maîtresse des biens qu'il lui laissait, et
qu'aucune partie n'en pouvait être
aliénée ni engagée par le baron.

Celui-ci, furieux d'une mesure qui
l'exposait chaque jour à être saisi et
mis en prison au nom de ses créanciers,
traita bientôt son épouse avec d'autant

moins de ménagemens que la jeune
baronne , quoique âgée seulement de
seize ans, montrait déjà un caractère
ferme et décidé, et n'avait pas tardé à
apprécier le mérite de celui qu'elle
avait cru aimer un moment.

Quoique sans cesse dévoré par l'inquiétude, Voldemar consacrait tous
ses instans à la société, surtout à celle
des femmes ; peut-être y cherchait-il
une diversion au trouble de sa conscience. Habile dans l'art de dire des
riens de la manière la plus vive et la
plus agréable, il s'était acquis la réputation d'homme à la mode ; d'un
esprit flexible, et poussant la fausseté
jusqu'à l'excès, il savait, suivant les
circonstances soutenir une conversation gaie et sentimentale ; personne, du

reste, ne possédait mieux que lui le talent de paraître tendre sans aimer, de verser une larme sans être affecté. Attaquait-il une femme, éprouvait-il un refus? il parvenait toujours à faire croire dans le monde qu'il avait triomphé, et savait si adroitement disposer les apparences en sa faveur que jamais le blâme n'en retombait sur lui.

Les charmes d'Émilie avaient fait sur Voldemar une profonde impression; mais elle mettait tant de modestie dans ses regards, tant de décence dans sa parure, tant de régularité dans sa conduite, qu'il se contentait lui-même du nom d'amitié, et, sous ce titre, s'emparait insensiblement de son estime. Émilie ne formait plus une partie sans qu'il y fût invité; il l'accompagnait aux spectacles, aux bals de la cour; partout il partageait ses plaisirs. Toujours habile à faire naître de nouvelles fêtes, toujours respectueux dans sa conduite, il devenait pour elle l'âme de la société, et se montrait chaque jour à ses yeux sous des dehors plus estimables.

Cette liaison d'Émilie fut bientôt remarquée; les femmes qui lui enviaient la conquête de Voldemar ne manquèrent pas de faire courir dans chaque cercle leurs réflexions malicieuses. De simples conjectures deviennent promptement dans le monde une certitude de l'infidélité d'une femme, de la disgrâce d'un mari. On complimentait hautement le baron de son alliance avec la comtesse, et il

avait la bassesse de confirmer le bruit
public par des réponses équivoques et
par une affectation de familiarité qu'E-
milie ne pouvait condamner, car elle
était loin de soupçonner la nature des
sentimens de Voldemar.

Lesthein ne fut pas le dernier à remarquer la préférence que son épouse
accordait au baron, et la liberté qu'elle
lui laissait prendre d'entrer dans son
appartement à chaque instant du jour.
Certain qu'il n'y avait aucun refroidis-
sement dans l'amour que lui témoi-
gnait Emilie, il ne laissa pourtant pas
de s'alarmer.

— Qui peut, se disait-il, engager
un homme aussi volage que Voldemar
à dévouer ainsi toutes ses journées à
la comtesse? L'amitié entre un homme

3..

et une femme n'est-elle pas une chimère ? N'est-elle pas plutôt le masque
d'une passion que l'honneur, l'intérêt
même leur ordonnent de cacher ? L'affection du baron a toujours été la sa-
tire de la vertu d'une femme, la ruine
de sa réputation ; son attachement pour
Emilie.... fût-il innocent, cela n'em-
pêcherait pas le monde de jaser....
Il faut que j'aie un entretien avec
Emilie.

L'inquiétude du comte était si bien
peinte sur tous ses traits, que son
épouse s'en aperçut aussitôt qu'il fut
entré dans sa chambre.

— Quel chagrin te tourmente, mon
cher Lesthein ? lui dit-elle de la voix
la plus tendre et en le pressant dans
ses bras.

— Je te le dirai franchement, mon Emilie, ce sont les visites du baron de Voldemar.

— Quoi! cela seul aurait causé ta peine? O mon ami, je suis heureuse de pouvoir rappeler la tranquillité dans ton cœur. Le baron a su m'inspirer beaucoup d'estime pour son caractère; peut-être, je l'avoue, n'ai-je pas montré assez de réserve à son égard; mais, dès ce moment, si tu le désires, je romps avec lui; ta volonté sera toujours ma loi.

— Sûr de ta vertu, ma chère Emilie, répondit le comte, transporté de la trouver si sincèrement disposée à lui plaire, je n'ai point de motifs personnels de m'opposer aux visites de Voldemar; mais le monde naturellement porté à la calomnie, peut ne pas te rendre la même justice.

— C'est assez, mon ami, je dois cesser entièrement de le voir.

— J'approuve ta résolution, mon Émilie; la prudence cependant te défend de la suivre d'une manière absolue. Une rupture trop prompte avec le baron pourrait tourner à ton désavantage; plus tu te montreras vertueuse, moins tu seras épargnée par la méchanceté.

— Conseille-moi donc, car je comprends maintenant qu'il est encore plus difficile de paraître sage que de l'être réellement.

— Cesse de te montrer aussi souvent en public avec Voldemar; ne le

reçois qu'aux heures où s'assemble ta
société ; évite d'avoir avec lui la moindre familiarité ; laisse-lui voir par de-
gré le changement de ta conduite à son
égard : ta réputation, mon Emilie, est
aussi nécessaire à mon bonheur que ta
vertu. C'est encore moins ta beauté que
j'adore, que la modestie, la décence de
ta conduite.

— Je puis, mon Lesthein, te répondre de ma constance, de mon amour
pour toi ; mais puis-je imposer silence
à la calomnie ? Tu le vois, mon cœur
est pur, et sans le savoir je donnais sujet aux propos des méchans. O mon
ami, si jamais on m'accusait auprès de
toi !.... je t'en conjure, promets-moi
de ne pas me juger sans m'entendre ;
le cœur de ton Emilie ne saurait être

coupable d'une pensée, d'une action contraire à l'honneur. Si un jour je méritais ton mépris.... voilà mon sein, que ta main y plonge aussitôt un poignard; ne me laisse pas vivre un instant de plus que mon amour pour toi.

L'accent de sa voix, les larmes qui coulaient de ses yeux, émurent profondément le comte : il la serra contre son sein, et lui jura de ne former jamais aucun doute sur son amour.

Toute espèce d'artifice était incompatible avec le caractère d'Emilie : elle suivit mal les conseils de Lesthein, et ne put dissimuler long-temps son désir d'être délivrée des assiduités du baron. La vanité de Voldemar fut cruellement blessée ; le regret d'avoir perdu tant de soins et d'adresse accrut encore son dépit, et dès lors toute son habileté fut employée à tirer de la comtesse une vengeance éclatante.

La froideur soudaine d'Emilie lui sembla un instrument propre à assurer sa perte : il affecta la discrétion d'un amant qui craint d'exposer l'objet de son attachement aux regards d'un public malin et curieux. Se levant quelquefois tout à coup, il allait se placer près de la comtesse, en prenant une physionomie riante, et s'éloignait presqu'aussitôt d'un air affligé, rêveur, comme s'il était désespéré de ce qu'une contrainte pénible l'empêchait d'avouer hautement son bonheur et ses sentimens. L'indifférence d'Emilie ne pouvait la garantir du péril; elle avait, suivant Voldemar, plus de dissimulation, plus de pouvoir que lui-même sur ses passions.

On ne tarda point à faire dans le monde mille réflexions sur cette conduite. Le baron fréquentait assidument tous les cercles où était invitée la comtesse; se mêlait parmi les personnes de sa société. A peine paraissait-elle dans un salon, il allait au-devant d'elle, lui disait quelques mots à l'oreille, et s'éloignait avec précaution, comme s'il venait de commettre une inconséquence : à cette conduite mystérieuse se joignait quelquefois la rougeur que son effronterie faisait naître sur les joues d'Emilie. Le succès de Voldemar était certain; aussi fut-on promptement persuadé dans le monde qu'il ne lui restait plus rien à désirer pour son triomphe.

Un grand nombre de ces personnes complaisantes que l'on peut, avec droit, regarder comme le fléau de la société, s'empressèrent d'avertir confidemment Lesthein de ce qui se passait, et prirent le soin de colorer encore le tableau ; mais le comte aimait trop son épouse pour croire à sa perfidie. Il pensa qu'elle lui avait donné jusqu'alors plus de raison de la respecter que de la condamner sur la seule probabilité d'une faute ; cependant les discours réitérés qu'il entendait tenir sur Emilie ne demeurèrent pas sans effet ; la crainte et le soupçon trouvèrent accès dans son cœur ; il résolut donc de ne point faire part à la comtesse de ses inquiétudes, mais de la surveiller si bien qu'elle ne pourrait le tromper. Pour parvenir plus sûrement à son but, il supposa une maladie, et se fit prescrire par son médecin de ne pas quitter son appartement.

De ce moment, Emilie renonça à tous les plaisirs, n'admit plus de visites, et ne quitta pas un instant son époux. Huit jours se passèrent ainsi, et Lesthein ne put remarquer en elle un désir, une pensée qui ne fût pour lui.

— Il y a assemblée aujourd'hui chez la comtesse de Fléming, dit-il à Emilie, il faut que tu te rendes chez elle; cela te distraira de huit jours de retraite; j'écrirai quelques lettres jusqu'à ton retour.

Emilie se rendit chez la comtesse de

Fléming.; la société s'y trouvant trop nombreuse, elle se décida à passer le reste de la soirée chez madame de Louden; elle y était à peine depuis cinq minutes, quand le baron de Voldemar se fit annoncer.

— Quelle fatalité ! pensa la comtesse; rencontrerai-je donc partout un homme que j'ai tant le désir d'éviter?

Elle s'était déjà levée pour se retirer; mais madame de Louden la supplia si instamment de rester, que, n'osant découvrir le vrai motif de son refus, elle se vit obligée de céder.

Trompée comme beaucoup d'autres par les bruits qui circulaient depuis long-temps, madame de Louden pensait que la meilleure intelligence régnait entre le baron et la comtesse, et que ce n'était pas par hasard qu'ils se rencontraient ainsi dans sa maison : quelle fut donc sa surprise en remarquant l'air visiblement contraint et gêné d'Emilie, et la froideur dédaigneuse avec laquelle elle avait accueilli quelques fades complimens de Voldemar ! Elle conduisit la comtesse dans une autre salle.

— Il n'est pas nécessaire, lui dit-elle, que vous déguisiez de la sorte vos sentimens ; pourquoi tant de discrétion avec moi ? Ne suis-je pas votre amie, et d'ailleurs n'ai-je pas été instruite de tout ?

— Je ne vous comprends pas, madame, répondit naïvement Emilie.

— Rien ne pouvait me faire plus de

plaisir que cette réponse , dit madame de Louden , en l'embrassant.

Et elles entrèrent dans le salon où l'on dansait ; madame de Louden , persuadée que le monde se trompait , Émilie rougissant involontairement des paroles que lui avait adressées son amie.

Lesthein avait été instruit aussitôt de l'entrevue de Voldemar et de son épouse ; il ne manqua pas de la considérer comme la suite naturelle d'un rendez-vous.

— Je n'ai passé de ma vie une soirée aussi désagréable ; lui dit Émilie en rentrant ; et plutôt que de m'y exposer une seconde fois , je m'abstiendrai désormais de voir le monde : je t'en supplie , Lesthein , ne cherche plus à combattre cette résolution.

Alors elle lui raconta franchement où elle avait été et qui elle avait vu.

Il y a dans la vérité un charme auquel il est rare de pouvoir résister ; la jalousie du comte s'apaisa soudain, et il rendit à Emilie un hommage digne d'elle ; ce fût de la croire.

Se regardant comme complétement guéri de ses soupçons, Lesthein reprit dès le lendemain sa manière de vivre accoutumée, et se rendit le soir à l'Opéra.

Il était à peine dans sa loge que la loge voisine s'ouvrit, et trois étrangers s'y placèrent.

Il faut avouer, dit l'un d'eux en français, que si cette peinture est vraiment le portrait de la comtesse, c'est une bien belle femme.

— Permettez que je la regarde encore une fois, dit un second; que le baron doit être heureux dans les bras d'une telle personne !

— Songez, dit le troisième, que vous n'en voyez ici qu'une bien faible copie.

— Ne pourriez-vous nous apprendre son nom ? demanda le second interlocuteur.

— Volontiers; c'est la comtesse de Lesthein.

A ce nom, l'âme du comte frissonna d'horreur; pâle de colère, et cherchant cependant à se contenir, il se leva, et déclarant à ces étrangers qu'il connaissait parfaitement la comtesse, il ajouta qu'il leur donnerait franchement sou opinion sur son portrait s'ils voulaient bien le lui confier un moment. La contenance noble de Lesthein commandant le respect et la confiance, on lui passa le portrait.

— Elle n'a pas été flattée, dit-il, en affectant le plus grand calme : cette peinture n'est-elle pas la propriété du baron de Voldemar ?

Comme on lui répondait affirmativement, il ne put retenir un geste de fureur : les trois étrangers le regardèrent avec surprise.

— Où est le baron ? leur demanda-t-il d'un ton qui annonçait l'agitation de ses esprits.

Le baron entra en ce moment dans la loge.

— Baron de Voldemar, lui dit Lesthein à l'oreille, j'ai quelques explications à vous demander.

— Je suis prêt à vous suivre.

Ils quittèrent la salle et marchèrent quelque temps en silence : la démarche du comte était incertaine et comme convulsive ; il frémissait de rage.

— Qui vous a donné le portrait de la comtesse ? demanda-t-il au baron, d'une voix étouffée, quand ils furent parvenus à un endroit retiré et désert.

— Je ne reconnais à personne le droit de m'interroger, répondit fièrement Voldemar.

— Malheureux ! s'écria Lesthein, eh bien ! défends donc tes jours, car il faut que ta vie ou la mienne en décide.

— En vérité , comte , vous n'êtes pas dans votre bon sens.

— Trève de railleries , lâche suborneur ! c'est ton sang qu'il me faut.

Et en disant ces mots , Lesthein tira son épée, et s'élança comme un furieux sur son adversaire. Le combat ne fut pas long ; l'épée du comte atteignit légèrement l'épaule de Voldemar au moment où celui-ci , heurtant contre un pavé, tombait à la renverse.

Lesthein crut avoir tué son ennemi.

— Je ne suis vengé qu'à moitié ! s'écria-t-il, en courant précipitamment vers son hôtel.

Une légère indisposition y avait retenu Emilie ; elle pâlit de frayeur en voyant entrer son époux transporté de rage, tenant encore à la main son épée fumante du sang qu'il venait de verser.

— Grand Dieu ! que vois-je ? sécria-t-elle, cher Lesthein, quelle fureur t'agite ainsi ? quel sang as-tu répandu ?

— Le sang d'un infâme digne de mille morts, d'un homme qui m'a ravi mon honneur, ma félicité, qui m'a rendu la plus miserable des créatures !... Regardez ce portrait, madame....

— Madame ! O Lesthein, mon cher Lesthein, ne suis-je donc plus ton Emilie ?

Et prenant le portrait :

— C'est le mien ! s'écria-t-elle avec surprise, sans cependant faire paraître aucun signe de crainte ou de honte; mais il était renfermé dans un de mes écrins.... Comment se fait-il ?....

— N'offense pas le ciel par d'indignes détours ; ce portrait, je l'ai arraché des mains de Voldemar !

— De Voldemar !

Et soudain devinant les motifs de la fureur qui transportait Lesthein, elle ne put retenir un cri d'horreur et d'effroi.

— Malheureuse ! cria le comte, dirigeant son épée sur le sein d'Emilie.

— Frappe, dit-elle, en se rapprochant de lui ; ce fer me fera moins de mal que tes injurieux soupçons.

Mais la secousse avait été trop violente pour Lesthein; sa main tremblante laissa échapper son épée ; une pâleur mortelle couvrit ses joues : il tomba sans connaissance aux pieds d'Émilie.

———

CHAPITRE IV.

Le Repentir.

Le comte, transporté par ses domestiques dans son appartement, reprit ses sens quelques momens après, et ordonna qu'on le laissât seul. Une heure s'était à peine écoulée, qu'il sonna son valet de chambre, lui déclara qu'il était dans l'intention de ne recevoir

personne jusqu'au lendemain, et lui
donna ordre de porter à Emilie le billet
suivant :

« Vous avez rompu tous les nœuds
» qui unissaient nos destinées ; vous
» n'aurez désormais à craindre de moi
» ni colère, ni reproches ; je ferai en
» sorte que votre souvenir me devienne
» aussi indifférent que si je ne vous
» avais jamais aimée. Je n'ai pas be-
» soin, je pense, de chercher à vous
» démontrer qu'il nous est maintenant
» impossible d'habiter sous le même
» toit ; je ne vous cacherai même pas
» que je désire instamment ne pas me
» trouver dans le cas de vous rencon-
» trer à Vienne. Vous me ferez con-
» naître le lieu que vous aurez choisi
» pour votre retraite ; j'aurai soin de

» vous y faire parvenir les revenus du
» château de Mercy.

» Avant votre départ, que je vous
» invite à ne point différer, ne cher-
» chez pas à me voir ; mes ordres sont
» donnés, et tous vos efforts devien-
» draient inutiles. »

LESTHEIN.

Emilie ne put qu'avec peine achever
la lecture de ce billet ; des larmes coulaient abondamment de ses yeux ; sa
tête retomba sur sa poitrine ; elle demeura quelque temps comme anéantie.

Cependant le sentiment de son innocence lui rendit enfin ses forces et
son courage.

— Tu l'exiges ! s'écria-t-elle, eh

bien ! je m'exilerai, je renoncerai pour toujours au bonheur de te voir, de te posséder ; puissent tes remords ne jamais me venger de la barbarie avec laquelle tu m'as traitée !

Sa fille, alors âgée de 9 ans, entrait en ce moment dans le salon ; apercevant les larmes de la comtesse, elle courut se jeter dans ses bras.

— O ma Clémentine ! dit Emilie, d'une voix entrecoupée par les sanglots, embrasse ta malheureuse mère, c'est pour la dernière fois.

— Que dis-tu, maman ? est-ce que tu veux m'éloigner de toi ?

— Un cruel destin nous sépare à jamais ; Clémentine, tu ne me verras plus.

4.

— Je ne te verrai plus!

— Embrasse-moi encore une fois....
il faut que je te quitte...... dès ce moment.....

— Me quitter! oh! non, tu ne me
quitteras pas; je veux aller partout où
tu iras; et si tu me refuses.... je sau-
rai bien m'échapper et te rejoindre.

En parlant ainsi, Clémentine se mit
à pleurer; la comtesse la serra tendrement contre son cœur.

— Tu m'emmèneras avec toi, n'est-ce
pas, maman? Oh! je t'en supplie, pro-
mets - moi que tu m'emmèneras avec
toi !

Emilie ne put y tenir plus long-
temps.

—Eh bien! oui, s'écria-t-elle, en
la couvrant de baisers, oui, tu vien-
dras avec moi, et tes caresses me donne-
ront la force de supporter mon malheur.... Mais si Lesthein s'y opposait!.... Il l'ignorera jusqu'à mon
départ; je lui cacherai le nom de l'endroit que j'irai habiter; que m'importe
la fortune? ma fille me suffira... Ne
puis-je vendre d'ailleurs mes diamans?
qu'ai-je besoin de parure? ... O ma
chère Clémentine, si l'on m'a ravi l'a-
mour de mon époux, toi du moins, tu
ne me seras pas enlevée!

Elle s'empressa de tout préparer et,
comme si elle craignait que le sort jaloux ne vînt encore s'opposer à son
plan, elle ne voulut pas que sa fille
s'éloignât d'elle un moment. Dès le

même soir, elle quitta l'hôtel avec Clémentine ; une chaise de poste les attendait aux portes de Vienne. Les forces
manquèrent à Emilie quand il fallut
monter dans la voiture ; le postillon
fut obligé de la porter : il semblait
qu'en ce moment tout son courage l'eût
abandonnée ; son cœur se serra au premier mouvement que fit la chaise
de poste.

— O ma fille ! s'écria-t-elle, en se
laissant aller sur le sein de Clémentine,
tu n'as plus de père, je n'ai plus d'é-
poux !

Le lendemain, Lesthein demanda à
voir ses enfans ; Gustave seul lui fut
amené par un domestique, nommé
Victor, qui n'était au service du comte
que depuis son séjour à Vienne.

— Et Clémentine ? dit Lesthein.

— Madame la comtesse l'a fait partir hier avec elle.

— Est-il possible ! Mais elle veut donc aussi la perdre ! s'écria Lesthein enflammé de colère ; ce n'était pas assez qu'elle se fût déshonorée, prétend-elle encore élever sa fille à son exemple ?

— Déshonorée ! madame la comtesse déshonorée ! dit Victor en balbutiant.

— Qui parle de cela ? dit vivement Lesthein, humilié de s'être oublié à ce point devant un domestique.

— Pardonnez-moi, monsieur le comte, si j'ose... mais ce que vous venez de dire, le départ précipité de mamade la comtesse, tout cela m'ouvre les yeux.... Grand Dieu ! vous soupçonneriez!.... Ah! plus que personne je puis jurer de la vertu de votre épouse.

— Toi?

— Soupçonner madame la comtesse! continua Victor, en laissant échapper une larme; puis tout à coup, comme s'il était arrêté par une réflexion subite, il baissa les yeux, se troubla et fit quelques pas pour se retirer.

— Arrête, dit Lesthein, tu ne sortiras pas que tu ne te sois expliqué.

— Monsieur le comte....

— Parle, te dis-je.

— Je ne sais rien, répondit Victor d'une voix incertaine.

— Tu mens, s'écria Lesthein en le

regardant fixement; ton trouble n'est pas naturel, j'en veux connaître la cause.

Victor ne répondit rien.

— Pour la dernière fois, parle ou je te chasse.

— Eh bien! j'avouerai tout, dit Victor, emporté par un mouvement de générosité; j'aime mieux être maltraité, chassé, que de vous voir accuser plus long-temps un ange de douceur et de vertu. Je donnerais ma vie pour madame la comtesse; c'est à sa bonté, à ses exhortations, que je dois d'être devenu honnête homme. Il y a un mois, j'étais encore chez vous l'agent du baron de Voldemar, et c'est la vertu seule de votre épouse qui m'a fait rougir du

rôle indigne qui m'avait été confié;
ah! que n'avez-vous vu comme moi
avec quel courage et quelle constance
elle a su résister à tous les moyens de
séduction!

— Mais ce portrait que j'ai trouvé
entre les mains de Voldemar, ce portrait qu'elle lui avait donné sans doute
comme un gage de son amour?....

En disant ces mots, le comte, dont la
fureur s'était réveillée, présenta le portrait à Victor, qui recula en pâlissant.

— Ce portrait, monsieur le comte...

— Eh bien! trouveras-tu quelque
chose à dire pour justifier la perfide?

Victor se jeta aux genoux de Lesthein.

— Grâce! je vous en supplie..... c'est moi.....

— Poursuis, dit Lesthein avec le plus grand trouble.

— C'est moi qui l'ai soustrait à madame la comtesse, pour le remettre.....

— N'achève pas, misérable!....

— Pardon! pardon! monsieur le comte....

— Va-t-en, vil serpent.... sors, te dis-je, de ma présence, ta vue me fait horreur.

Un profond accablement s'empara de Lesthein; tant de coups à la fois avaient épuisé ses forces: il tomba dangereusement malade; une fièvre vio-

lente, le délire s'emparèrent de lui,
et les médecins déclarèrent qu'ils ne
pouvaient répondre de sa vie.

Pendant neuf jours, l'état du comte
fut constamment désespéré ; mais vers
le milieu du dixième jour le délire
parut se calmer un peu ; un long as-
soupissement lui succéda. Lascy et son
épouse qui, à la première nouvelle du
danger de leur ami, étaient accourus à
Vienne et le veillaient tour à tour, en-
tendirent avec joie les médecins annoncer que ce changement leur donnait beaucoup d'espérance, et que le
lendemain ils pourraient porter un
jugement certain sur l'issue de la maladie.

Il était minuit lorsque Lesthein se
réveilla ; le délire avait complétement

cessé. Le premier usage qu'il fit de sa raison fut de chercher à se rappeler les événemens passés ; mais ses souvenirs se confondaient dans sa tête affaiblie, et il interrogeait en vain sa mémoire infidèle.

Trop faible encore pour se soutenir sur son séant, il entr'ouvrit ses rideaux d'une main tremblante. La chambre était éclairée seulement par la lueur pâle d'une lampe ; cependant les yeux de Lesthein distinguèrent une femme à genoux au pied de son lit, et priant avec ferveur. Ses regards s'attachèrent avec un sentiment de plaisir sur cette femme qu'il ne reconnaissait pas ; bientôt il la vit se lever, approcher doucecement du chevet son lit. Marie, car c'était l'épouse de Lascy qui veillait cette nuit près du malheureux Lesthein, parut surprise en voyant les rideaux entr'ouverts et voulut les refermer; la main de Lesthein s'y opposa.

— Je me sens mieux, dit-il d'une voix à demi éteinte; oh! laissez-moi vous voir, vous contempler... Je cherche à me rappeler vos traits... vous ne m'êtes pas inconnue.

— Demeurez donc tranquille, dit Marie en retirant sa main qu'il serrait doucement entre le siennes; le médecin vous a ordonné le repos le plus absolu.

— Ma mémoire ne me trompe pas... oh! oui, c'est bien Marie! mais où suis-je donc?

— Avec vos amis qui, ayant appris votre maladie, n'ont pas voulu laisser à d'autres le soin de vous veiller : mon époux repose en ce moment, demain ce sera lui qui restera près de vous.

— Quoi! Lascy est ici!..... et Emilie?....

— Emilie! dit Marie en baissant tristament les yeux.

— Pourquoi ne vient-elle pas près de moi? a-t-elle oublié son Lesthein qui l'aime si tendrement?..... Mais attendez... oui, je me souviens..... O mon dieu! quelle pensée a frappé mon cœur!

Lesthein demeura quelque temps les yeux fixes, sa poitrine se gonfla, quelques soupirs étouffés s'échappèrent de son sein; des larmes brillèrent enfin dans ses paupières, et furent suivies de pleurs abondans. Marie le regardait en silence et avec inquiétude ; elle craignait qu'il ne tombât de nouveau dans le délire ; mais il parut au contraire avoir éprouvé quelque soulagement.

— J'ai été bien coupable envers Emilie , reprit - il d'une voix plus calme ; puis-je espérer qu'elle me pardonnera ?

— Ah, Lesthein , dit Marie, je suis certaine qu'elle vous a déjà pardonné ; avec un cœur aussi noble , aussi pur que le sien , pourrait elle connaître le ressentiment ?

— Oui , le cœur d'Emilie était noble et pur... ô Marie , répétez-moi qu'elle m'a pardonné.

— Elle vous a pardonné, Lesthein , répéta Marie ; pour le tranquilliser.

Peu à peu les forces revinrent à Lesthein, et au bout de quelques jours il
fut en état de se lever.

Un matin, il entra dans la chambre
de Lascy, tenant Gustave par la main.

— Mon ami, lui dit-il, je viens
solliciter de toi une promesse nécessaire
désormais à mon repos ; je connais la
bonté de ton cœur, tu m'exauceras.
Lascy, tu as un fils, qu'il devienne le
frère du mien, sois le père adoptif de
mon Gustave ; qu'élevé à ton exemple,
dans la retraite où depuis tant d'années tu n'as trouvé que la paix et le
bonheur, il croisse à couvert des orages
qu'une folle ambition a accumulés sur
ma tête ; qu'il apprenne de toi à servir
un jour dignement son pays, mais
qu'il soit aussi convaincu, par tes le-

çons, qu'il doit chercher la récompense de ses services dans une vie retirée, paisible, et non dans des titres et des honneurs qu'accompagnent toujours l'envie et la malveillance; dans les bras d'une épouse sage et vertueuse, et non dans l'antichambre d'un grand, dont tout le mérite consiste souvent à savoir faire de votre avancement même l'instrument de votre perte. Je te confie un dépôt précieux; oh! dis-moi que tu consens à t'en charger, et je partirai plus tranquille....

Tu partiras! interrompit Lascy, en le regardant avec surprise.

— J'ai déchiré le cœur de la meilleure des femmes, reprit Lesthein d'une voix plus sombre; je l'ai trop cruellement offensée pour qu'elle puisse me pardonner.... Oh! non, la bonté des anges ne saurait aller jusqu'à pardonner à un malheureux comme moi!.... elle verra du moins mes larmes, mon repentir.... elle verra se courber à ses pieds la tête d'un infâme qui osa l'accabler d'outrages.... O Emilie! je parcourrai, s'il le faut, le monde entier pour te rejoindre....

— Quoi! s'écria vivement Lascy, ignores-tu donc l'endroit où elle s'est retirée?

— Ne retiens plus ton indignation.... j'ai mérité d'être maudit.... Oui, Lascy, j'ignore dans quel asile cet ange a fui ma barbarie; j'ai poussé la cruauté jusqu'à refuser de la voir, et si elle m'a caché le lieu de sa retraite..... ah! sans doute, c'était dans la crainte que son bourreau ne lui ravît encore une dernière consolation, celle de posséder sa fille.

— Juste ciel! s'écria Lascy, en reculant involontairement.

— Tu as raison, tu dois t'éloigner de moi avec horreur.... Hélas! je n'espère plus même exciter la pitié de ceux qui furent mes amis.

Le ton avec lequel Lesthein prononça ces derniers mots, alla jusqu'à l'âme de Lascy; il ne put résister à son attendrissement, et se jetant dans les bras du comte :

— Non, lui dit-il, tes amis ne t'abandonneront pas; reçois ici le serment que je te fais de remplir à l'égard de Gustave tous les devoirs d'un père;

puisse cette certitude apporter quelque
allégement à ta douleur !

— Je te remercie, répondit Lesthein
en lui serrant la main ; je n'ai pas tout
perdu puisqu'il me reste un ami ; il
m'a semblé qu'en ce moment le ciel se
réconciliait avec moi.

Le lendemain, Lascy et son épouse
retournèrent à la campagne, emmenant
avec eux le jeune Gustave, auquel ils
commencèrent dès lors à prodiguer les
mêmes soins et les mêmes tendresses
qu'à leur fils Charles ; les deux enfans
ne tardèrent pas à se lier d'une amitié
qui ne le cédait en rien à celle qui
avait uni leurs parens.

Lesthein, après avoir inutilement
cherché des renseignemens sur la route

qu'avait prise Emilie, partit dans le dessein de parcourir toute l'Allemagne, et déterminé à ne s'arrêter que le jour où, favorisé par le hasard, il aurait obtenu son pardon et retrouvé le bonheur. Le malheureux se berçait d'une folle espérance : le sort avait décidé qu'il ne reverrait plus Emilie.

CHAPITRE V.

Nouveaux Personnages.

Dans la petite ville de Gueldau, en Saxe, vivait un receveur qui savait faire honneur au troisième rang qu'il y occupait ; le prévôt de justice et le premier pasteur étaient les seuls sur lesquels il n'élevait ses regards qu'avec modestie, tandis qu'ils s'abaissaient sur le reste des habitans, non sans une certaine conscience de son mérite.

Le bon Rothmann montrait du reste l'humeur la plus aimable : c'était un petit homme bien nourri, parlant beaucoup et sachant vivre. Un fait généralement reconnu dans la ville, c'est qu'aucune cuisine ne valait la sienne, lorsqu'il offrait de temps en temps, selon sa naissance et sa dignité, un repas au bailli et au pasteur, ainsi qu'aux membres de la haute magistrature et à quelques concitoyens distingués. Les efforts qu'il faisait alors pour bien traiter ses hôtes ne manquaient jamais de produire trois différens résultats : d'abord, on se régalait largement ; en second lieu, on ne pouvait assez donner, ou

plutôt, d'après l'influence du vin, assez
balbutier d'éloges et de remercîmens
pour célébrer les manières généreuses
de l'amphitryon ; enfin plus d'un con-
vive, en retournant chez lui, faisait la
grimace et disait à son voisin :

— Je souhaite que notre receveur
puisse continuer toujours de même.

Ainsi vivait le seigneur Rothmann
dans une aisance fort satisfaisante, mais
un peu enviée ; heureux dans son intérieur, il idolâtrait son épouse, la
douce et bonne Marguerite, à qui il
n'avait jamais pu trouver qu'un seul
défaut à reprocher : celui de ne pas lui
donner d'héritier.

Un jour que Rothmann, souriant
encore des rêves agréables qui avaient

suivi le délicieux souper de la veille, venait de se lever gai et dispos, et que, coiffé du bonnet du matin, il se livrait, appuyé sur sa fenêtre, à l'importante occupation de voir s'élever en épais tourbillons la fumée de sa pipe, il vit arriver au grand trot une chaise de poste qui s'arrêta précisément devant sa porte.

Surpris d'une visite si matinale et qui devait venir de loin, à en juger par la couche de poussière qui recouvrait la voiture, le receveur se retira promptement de la fenêtre, afin de faire succéder l'habit de cérémonie à la robe de chambre, et mit tant de précipitation dans ses mouvemens, qu'il cassa sa pipe en voulant la poser sur sa cheminée, et employa à s'apprêter dix minutes de plus qu'il ne lui en fallait habituellement.

Enfin la voix de Marguerite se fit entendre.

— Mon ami, dépêche-toi ; c'est Emilie, c'est ma meilleure amie....

— Encore un moment et je suis prêt.

— Descends, descends ; tu seras toujours bien comme tu es.

— Bien comme je suis! et c'est une dame! Je crois que ma femme perd la tête.... Emilie! continua-t-il en se regardant encore une fois dans la glace, je me rappelle qu'en effet Marguerite m'a souvent prononcé ce nom-là.

Certain que sa toilette avait atteint

5..

tout le dégré de perfection possible,
Rothmann descendit et trouva les deux
dames qui s'embrassaient avec les plus
grandes démonstrations d'amitié.

— Madame, dit-il en faisant un profond salut à Emilie, je bénis l'heureux
destin....

— Oh! tu as raison, interrompit
Marguerite, c'est un heureux destin
qui nous amène la personne que j'aime
le plus au monde.... après mon bon
Rothmann pourtant.

Un sourire du receveur annonça que
cette dernière partie de la phrase de
Marguerite lui faisait plaisir.

—Ma chère Marguerite, dit Emilie,
que de choses sont arrivées depuis que
nous nous sommes quittées.

— Oh! oui, et sans la mère de mon Emilie, que serais-je devenue? Ah! mon cher Rothmann, je ne serais pas maintenant ton heureuse épouse. Lorsque tu étudiais à Vienne et que ton père, informé de ma pauvreté te refusait son consentement, n'est-ce pas la comtesse de Mercy qui, en se chargeaut de ma dot, a su lever toutes les difficultés? N'est-ce pas elle encore qui nous a procuré dans ce pays toutes les belles connaissances dont la protection t'a tant servi pour obtenir ta place de receveur? Excellente dame! quand le ciel m'accordera-t-il la faveur de lui témoigner moi-même ma reconnaissance?

— Hélas, elle n'est plus, dit Emilie en soupirant.

— Elle n'est plus, répéta Marguerite, et l'expression du plaisir qui ani-
mait sa physionomie disparut aussitôt
pour faire place à celle de la douleur.

— Son âme était trop belle pour ce
monde, dit Rothmann que cette nouvelle affectait vivement; elle ne devait
avoir d'autre patrie que celle des
anges.

— Un même coup m'a ravi presque
en même tems les auteurs de mes
jours, reprit Emilie; ils ont emporté
mon bonheur dans la tombe.

Il se fit un moment de silence; Emilie le rompit la première.

— Ma bonne Marguerite, dit-elle
avec hésitation, j'ai compté pour moi,

pour ma Clémentine, sur l'amitié que tu as vouée à ma mère....

— Tout ce que nous possédons est à vous, s'écria Rothmann : ah ! parlez, je me sacrifierais pour le moindre de vos désirs.

Marguerite à son tour jeta un regard de satisfaction sur son mari et lui serra tendrement la main.

— Mes bons amis, reprit Emilie attendrie, je serais désespérée de venir affaiblir vos ressources ; c'est votre protection, c'est un asile que je vous demande ; ce sont des consolations, s'il en est, hélas ! pour des malheurs tels que les miens.

Emilie raconta alors tout ce qui lui était arrivé depuis que Rothmann et

Marguerite avaient quitté Vienne;
ceux-ci ne purent entendre ce récit
sans répandre des larmes.

— Puissent nos efforts et notre amitié, dit Rothmann lorsqu'elle eût ter-
miné, parvenir à effacer le souvenir de
tant de chagrins!

— Votre sort près de nous, dit Marguerite, ne sera plus aussi brillant,
mais si notre cœur vous suffit, oh!
c'est un bien dont vous êtes entièrement maîtresse.

— La grandeur m'a coûté trop de
pleurs pour que je l'aie jamais aimée,
reprit Émilie, je n'ai d'autre ambition
que celle de vivre ignorée et tranquille
et d'élever ma fille dans le goût de la
simplicité.

— Elle sera ma fille aussi, dit Marguerite en embrassant Clémentine.

— C'est un héritage que je ne tar-
derai peut-être pas à léguer.

Le ton d'Émilie en prononçant ces
mots, annonçait une imagination réellement frappée ; les deux époux, affli-
gés par cette cruelle pensée, se regardèrent avec inquiétude ; mais ils gar-
dèrent le silence, dans la crainte qu'en
arrêtant sur ce sujet les idées de leur
amie, leurs discours ne devinssent encore un aliment pour le funeste pressentiment qui s'emblait l'occuper.

Émilie déposa entre les mains de
Rothmann, la faible somme qu'elle
avait retirée de ses diamans ; comme
cette ressource ne pouvait suffire à son

entretien et à celui de sa fille, elle annonça que son dessein était d'utiliser
ses talens, mais le receveur la supplia
si instamment de ne pas lui causer un
tel chagrin, Marguerite s'emporta si
vivement contre elle en prétendant
que ce n'était que la fierté qui la faisait
agir ainsi, qu'Émilie, pour les satisfaire, se vit obligée de renoncer à sa
résolution.

Le pressentiment de cette malheureuse épouse ne l'avait pas trompée ;
épuisée par une secousse aussi forte
que celle qu'elle venait d'éprouver,
elle ne put surmonter un sentiment
profond d'affliction que venaient accroître chaque jour les souvenirs de
quelques années de bonheur ; la pâleur
habituelle de ses traits, l'affaiblisse-

ment de sa voix, le recueillement as-
sidu auquel elle paraissait se livrer,
annonçaient aux regards les moins ob-
servateurs l'état intérieur de son âme
et le dépérissement progressif de ses
forces. Quelquefois ses mouvemens,
ordinairement lents, devenaient comme
convulsifs; elle pressait alors sa fille
contre son cœur :

— Dieu te protégera! s'écriait-elle.
Puis la couvrant de ses baisers et de
ses larmes :

— J'ai été coupable envers toi, con-
tinuait-elle; entraînée par ma douleur,
par le besoin de consolation, je me
suis montrée cruelle en t'associant à
mon malheureux destin…. oh! puisse
le ciel me pardonner !

Sa vie languissante se soutint ainsi

pendant tout un été; mais l'automne, dont la funeste influence s'exerce également sur tous les êtres, vint, en étendant sur la nature un voile de deuil, tarir dans le cœur de l'infortunée les sources de l'existence : quand la dernière feuille tomba, Émilie avait cessé de respirer.

Son dernier regard fut pour Clémentine.

— O mon Dieu, pardonne à Lesthein comme je lui ai pardonné!

Tels furent les derniers mots qu'elle prononça.

~~~~~~~~~~~~~~~~~~~~~~~~~~~~~~~~~~~~~~

CHAPITRE VI.

——

L'Étranger mystérieux.

MARGUERITE avait juré au lit de mort d'Emilie de prendre soin de Clémentine comme si elle eût été sa propre fille, et elle avait été en cela parfaitement secondée par Rothmann ; sans enfant et n'ayant plus l'espérance d'en

6.

avoir, séduits d'ailleurs par l'excellent cœur et les aimables qualités de la jeune orpheline, ils éprouvaient pour elle une affection qui chaque jour acquérait plus de force; et le bon receveur qui se plaisait à la nommer sa fille, se sentait tout transporté de joie lorsque, dans l'effusion de sa reconnaissance, elle lui répondait en lui donnant le doux nom de père.

Clémentine venait d'atteindre sa seizième année; c'était une des beautés les plus nobles et les plus aimables qui depuis long-temps eussent embelli les murs de Gueldau : on l'appelait communément la jeune vierge aux traits célestes. Plus familiarisés avec le langage à la mode de la bonne société, les jeunes élégans de l'endroit la proclamaient *admirablement belle*, d'une *bonté magique*, d'une *amabilité ravissante*. Le commis de l'accise, à qui l'on s'adressait toujours quand, pour célébrer un événement triste ou joyeux, on avait besoin de quelques vers bien tournés, en présentant à Clémentine, le jour de sa fête, un bouquet accompagné d'un sonnet, s'était servi des figures poétiques les plus flatteuses ; il la nommait, dès son début, *la Reine des roses de Gueldau.*

Tout le monde s'étonnait qu'une plante aussi belle (pour imiter le ton métaphorique du commis de l'accise), et parvenue à la maturité au milieu des charmes de l'existence la plus riante, qui ne pouvait surtout que faire honneur à la place qu'elle occuperait soit,

que l'on voulût en orner le jardin d'hymen d'un grand seigneur, soit qu'on
la destinât au parterre modeste d'un
honnête bourgeois; tout le monde,
dis-je, se demandait avec étonnement
pourquoi *la Reine des roses de Gueldau* tardait encore à sortir de la pépi-
nière paternelle.

Les adorateurs ne manquaient pas,
et plus d'une fois les jeunes filles de
Gueldau souhaitèrent avec dépit le mariage d'une rivale dont la supériorité
devait déranger nécessairement tous
leurs petits projets, tant qu'elle n'aurait pas consenti à fixer son choix;
mais le bon Rothmann, tout fier de sa
pupille, s'était jusqu'alors montré difficile, et ne pouvait se décider à reconnaître en aucun des jeunes gens

qu'il connaissait, des qualités qui fussent dignes de sa Clémentine. Celle-ci, de son côté, se trouvant heureuse de l'affection de ses parens adoptifs, n'avait pas encore songé qu'il pût exister dans son cœur un autre sentiment que celui de la reconnaissance.

A cette époque qui devait cependant décider du sort de Clémentine, et où sa ville natale attendait le dénouement propre à satisfaire sa curiosité, toutes les langues de l'endroit eurent à s'exercer sur un événement qui eût à peine excité à Vienne l'attention d'un commissionnaire, et qui devint pour plus d'un mois l'aliment des conversations dans Gueldau, où, de mémoire d'homme peut-être, on n'avait rien vu de pareil.

Cet événement important consistait dans l'arrivée d'un équipage magnifique attelé de quatre chevaux de Mecklembourg, et qui s'arrêta devant l'hôtel de l'Aigle-Noir. On pourra juger de la sensation qui en résulta, si l'on veut assister un moment au conciliabule qui se tint quelques jours après chez la vénérable marchande de tabac dont la boutique avoisinait la maison de Rothmann.

— Vous n'expliquez pas toute votre pensée, ma chère madame Burckmann, disait M. Péroring d'un ton grave, et tenant ses regards fixés sur les yeux de la marchande de tabac, comme s'il cherchait à y rencontrer de quoi satisfaire plus entièrement sa curiosité ; car M. Péroring était le maître d'école de

Gueldau, et obligé par sa profession d'en être ou du moins d'en paraître le plus instruit et le plus clairvoyant.

— Il est certain, répondit madame Burckmann, en se donnant un air d'importance, que je suis en position de saisir une foule de circonstances qui échappent à toute autre personne; mais grâce au ciel, il n'est pas une famille qui puisse me reprocher d'avoir abusé des secrets que ma pénétration m'a mise à même de connaître; je serais bien fâchée de ressembler à ma voisine madame Vackner; voilà une femme bavarde, à la bonne heure! encore si elle ne disait que ce qu'elle sait; si elle s'occupait un peu plus de veiller sur la conduite de son mari qui est bien l'ivrogne le plus fieffé! si elle me payait les deux livres sept onces de tabac qu'il me doit depuis plus de deux mois......

— Nous nous écartons de notre sujet, ma chère madame.....

— Vous avez raison, monsieur Péroring; je disais donc.....

— Vous disiez, je crois, que mademoiselle Clémentine.....

— Ah! c'est juste, vous prétendiez que le petit commis Georges ne lui était pas indifférent, et que monsieur Rothmann lui-même paraissait s'intéresser vivement à ce pauvre garçon...... Erreur, mon voisin, erreur, s'il en fut jamais; j'observe depuis quelques jours, et.... je crois maintenant être sûre de mon fait.

— L'instruction plaît aux femmes,
ma voisine, et Georges était mon meilleur élève ; il possède à fond ses *col-
loquia Erasmi ;* et avec cela on va loin
en amour.

— Je ne disconviens pas du mérite
de Georges ; il fait de jolis vers : n'ai-
je pas toujours présens à l'esprit ceux
qu'il fit pour moi un certain jour où
je réunis à dîner tous les amis qui vinrent me souhaiter ma fête ; ils commen-
çaient ainsi :

Une rose, dans un parterre....

— Une rose..... quelle fraîcheur
d'expression ! Vous rappelez-vous aussi,
aimable voisine, que personne ne s'est
mépris sur la rose ? dit M. Péroring
en essuyant vivement avec sa manche
une roupie qui menaçait son jabot chif-
fonné.

— Taisez-vous, badin, vous savez
que je n'aime pas être flattée, interrompit la marchande, en baissant les
yeux et retenant sa respiration pour
parvenir à se faire rougir.

Une personne entra dans ce moment
dans la boutique; c'était madame Vackner, la mercière ; elle venait chercher
du tabac. Le galant maître d'école
s'empressa de le lui peser lui-même.

— Toujours aimable, dit la mercière, en donnant le plus de grâce qu'elle
put au sourire avec lequel elle remer-
cia M. Péroring. Mais à propos, ma
chère amie, savez-vous la dernière
nouvelle au sujet de l'étranger mystérieux?

— Qu'est-ce donc? demanda le

maître d'école, en ouvrant de grands yeux.

— Cette chère madame Vackner a toujours du nouveau à nous apprendre, reprit la marchande de tabac, en l'invitant de la main à s'asseoir sur sa banquette. Voyons si ce que vous nous direz s'accorde avec mes conjectures.

Madame Vackner, qui avait un faible pour les conversations, ne se fit pas prier. La banquette était étroite; nos deux dames n'étaient pas minces; M. Péroring se serra contre madame Burckmann, et ce ne fut pas sans peine que la grosse mercière parvint à s'introduire entre le mur et lui.

— Je suis tout yeux et tout oreilles, dit M. Péroring.

— Vous êtes donc bien au fait de l'événement, madame Vackner, dit la marchande de tabac, avec ce sourire de supériorité qui veut dire : j'en sais encore plus que vous sur tout cela.

— Si je le suis ! s'écria la mercière ; depuis huit jours que je suis aux aguets, vous devez bien penser qu'il ne m'est pas échappé la moindre circonstance. Si je vous disais que j'ai vu même arriver l'étranger.....

— Vous l'avez vu arriver ? interrompit M. Péroring.

— Certainement ; et voici comment cela s'est fait. Mon mari m'avait averti le matin qu'il rentrerait fort tard ; moi, j'ai mes petites habitudes ; depuis quinze ans que je suis mariée, il ne m'est pas

arrivé une seule fois de me coucher
sans M. Vackner, et comme je ne vou-
lais pas commencer ce soir-là, je m'é-
tais décidée à veiller en l'attendant. Je
lisais un roman d'Auguste Lafontaine...
Dieu! comme cet homme-là peint le
sentiment!

— Il est vrai, dit Péroring; j'aurais
aimé faire l'éducation d'un pareil
élève.

— S'il passe jamais par notre ville,
dit madame Burckmann, il peut être
certain que mon meilleur tabac sera
pour lui.

— S'il en prise, toutefois, observa
judicieusement M. Péroring.

— Je lisais donc, reprit madame Vackner, et je pleurais déjà comme une

Madeleine, car vous saurez que je suis d'une sensibilité..... M. Vackner m'a dit plusieurs fois qu'il ne concevait pas comment je m'attendrissais aussi facilement.... Il était minuit ; le bruit d'une voiture vint tout à coup me troubler dans mes douces émotions. J'ouvris précipitamment ma fenêtre, d'où vous le savez, madame Burckmann, je vois parfaitement tout ce qui se passe à l'hôtel de l'Aigle Noir....

— C'est même fort gênant, dit M. Péroring, car des chambres de l'hôtel on voit également tout ce qui se fait dans la vôtre ; et je me rappelle qu'un certain jour.....

Un regard significatif de madame Vackner fit taire aussitôt le maître d'école qui, probablement, allait lâcher une indiscrétion, car au même instant madame Burckmann fronça le sourcil ; elle arrêta même quelque temps ses yeux scrutateurs sur la mercière, qui ne put s'empêcher de rougir, et sur M. Péroring, dont la contenance était tout-à-fait embarrassée.

Madame Vackner se hâta de reprendre le fil de sa narration.

— Je vis donc cette voiture, attelée de quatre chevaux, s'arrêter précisément à la porte de l'hôtel ; quelques minutes après il en descendit un homme enveloppé d'un manteau. La lueur des flambeaux me permettant de distinguer les objets, j'examinai sa figure ; elle me parut belle et imposante. Un autre homme descendit après lui, portant une cassette sous son bras ; tous les deux entrèrent dans l'hôtel, où pendant une heure au moins régna le plus grand mouvement ; puis tout rentra dans le silence, les lumières s'éteignirent et je ne vis plus rien.

— Et vous ne vîtes plus rien ! dit gravement M. Péroring. Nul doute, cet étranger ne peut être qu'un grand seigneur..... cet équipage à quatre chevaux, cette arrivée nocturne, ce mystère dont il s'entoure.... oh ! c'est sans contredit un agent diplomatique, un ambassadeur tout au moins.

— Je crois que vous vous trompez, dit madame Vackner ; ce n'est point du tout un agent du chromatique, c'est bien plutôt.

— Quoi donc, chère madame ? demanda vivement M. Péroring.

— Ecoutez ce que je vais vous dire. En venant à Gueldau, cet étranger avait un but...!

— Rien de plus certain, il avait un but.

— Or, il n'a encore vu personne dans la ville, si ce n'est le receveur, M. Rothmann.

— C'est vrai, il a rendu visite à M. Rothmann, dit la marchande de tabac.

— Eh bien! continua la mercière, cela ne vous met-il pas sur la voie? Cette jolie Clémentine qui n'est pas la fille du receveur et qui refuse tous les jeunes gens de Gueldau....

— C'est parbleu vrai! s'écria M. Pé-roring; je n'avais pas fait cette réflexion : mademoiselle Clémentine était le but de l'étranger ; rien de plus positif.

— Voilà pourtant, lui dit madame Burckmann, ce que je cherchais tout à l'heure à vous faire comprendre ; car, ma chère madame Vackner, ma pénétration s'était trouvée tout-à-fait d'accord avec la vôtre.

— Toutes ces aventures-là sentent furieusement le roman, remarqua M. Péroring, après quelques momens de réflexions.

— Il y a là-dessous plus de mystère qu'on ne croit, reprit madame Vackner. Cette Clémentine qui arrive ici avec sa mère, on ne sait d'où ni pourquoi ; cette mère qui meurt de chagrin quelques mois après, cette obstination à refuser les plus beaux partis de notre ville, cet étranger qui arrive juste au moment où l'âge avertit la jeune personne qu'il est temps de songer à prendre un mari.... ma tête s'y perd.

— Savez-vous, dit la marchande de tabac, avec un air de confidence, quelle pensée m'est venue depuis long-temps à ce sujet? Eh bien! je suis persuadée que la belle inconnue n'était autre que quelque princesse malheureuse ou exilée.

— Et l'homme mystérieux, s'écria Péroring triomphant, est un prince qui vient consoler la fille de la princesse; je crois, pour le coup, que nous y sommes; et tout cela se fait dans l'ombre, parce que, voyez-vous, des raisons politiques, d'une force majeure, se mêlent probablement à cette intrigue, et s'opposent à ce qu'elle soit conduite au grand jour.

— Je rends hommage à votre discernement, dit la mercière; voilà une explication qui me paraît naturelle et tout-à-fait satisfaisante.

— Attendez donc, reprit M. Péroring, il me vient une idée merveilleuse. Je veux tous les jours me trouver sur le passage du prince et le saluer avec cette souplesse, cette humilité qui flattent tant les grands; il ne pourra s'empêcher de remarquer mon urbanité, et nul doute, s'il a quelque jour des enfans, qu'il ne m'en nomme le précepteur. Lorsqu'on veut parvenir,

la véritable place du chapeau n'est pas
sur la tête.

— Parfaitement pensé, dit madame
Vackner ; et moi je ne dirai plus à
M. Rothmann, pour le contrarier, que
mes tulipes sont plus belles que les
siennes, car je compte bien, par son
moyen, fournir tous les rubans de la
noce.

— Quant à moi, dit madame Burckmann, je conserve mon franc-parler ;
il faudra toujours bien que le prince
fasse acheter son tabac chez moi ; puisque je suis la seule marchande à
Gueldau

CHAPITRE VII.

Stéphano.

L'ÉTRANGER qui donnait lieu à tant de
conjectures, se faisait appeler simple-
ment Stéphano. Après avoir resté deux
jours à l'hôtel de l'Aigle Noir, il en était
sorti pour occuper une maison qu'il venait de louer, sans doute dans l'intention

de faire un assez long séjour à Gueldau.
Comme la nouvelle demeure de Stéphano se trouvait en face du logis de Rothmann, les deux voisins furent bientôt ensemble le mieux du monde, et firent alternativement l'un chez l'autre d'excellens dîners.

— Ah! ah, se disaient entr'eux les habitans de Gueldau.

Et quand ils virent Marguerite et Clémentine se promener dans la voiture de Stéphano qui la conduisait :

— C'est clair, ajoutaient-ils.

Rien de moins clair pourtant; mais s'ils se trompaient, ce n'était pas la faute de l'étranger. Regardons-le de plus près et avec une attention plus sérieuse.

I.   7

Les personnes dont on a coutume de dire que l'on ne saurait se prononcer sur leur compte, méritent rarement notre estime. La franchise du caractère, la pureté des intentions, l'affabilité, ce tendre intérêt, cette sensibilité active, cette indulgence éclairée, enfin cet ensemble de sentimens que l'on désigne si bien par le mot de bonté, ne se cache pas ; il dédaigne toute dissimulation, non qu'il craigne de perdre par le plus beau masque, et en étalant les dehors les plus flatteurs, quelque chose de l'amabilité qui lui est propre, mais parce que l'art pénible de feindre arrête son libre essor et altère l'essence de son être.

Un caractère bon et conforme à la nature est comme un livre ouvert qui fait connaître son contenu clair et bien lié, par des sommaires précis, de sorte que l'on peut lire partout ce que l'on veut y apprendre, et que l'on s'en forme de suite une idée nette. Le cœur de l'homme pervers ressemble au contraire à une écriture chargée de chiffres, et dont on ne trouve pas souvent le sens, ou qu'il faut artistement décomposer à l'aide de rapports éloignés, sans pouvoir se convaincre à la fin si ce que l'on a découvert n'est point une nouvelle énigme ayant une signification absolument opposée.

Stéphano paraissait appartenir tout-à-fait à ces derniers caractères; quand on le connaissait peu et qu'on ne le jugeait que par les charmes et le liant de sa conversation (il possédait en effet tous

7.

ces agrémens extérieurs qu'un homme bien élevé puise dans l'habitude des voyages), alors on était disposé à le louer sans restriction ; mais en l'examinant sévèrement et en le comparant aux autres, on se voyait forcé de retrancher une bonne partie de ces éloges. On finissait même par convenir qu'il était difficile de porter un jugement sur cet homme, dont les pensées et les actions semblaient toujours envelopper leur sens d'un voile mystérieux.

Quoiqu'il ne fût déjà plus jeune, il se soutenait encore avec assez d'avantage. Sa constitution robuste avait jusqu'alors, et suivant les apparences, résisté aux plaisirs du monde, si nuisibles à la santé, et qui chez les dissipateurs oisifs de son espèce dégénèrent si facilement en abus.

La vivacité continuelle de ses mouvemens semblait néanmoins plutôt pro-
venir d'une certaine inquiétude morale que d'un physique plein de force.
Sa taille était svelte et élancée, mais
rien n'était plus souple dans toute sa
personne que ses mains et ses yeux;
ceux-ci, noirs et perçans, paraissaient
tantôt chercher à pénétrer un objet;
tantôt il en adoucissait l'éclat et cachait
un regard qui semblait timide, sous un
front ombragé d'une épaisse chevelure.
Le jeu infatigable de ses doigts agiles
rappelait l'habileté acquise des jon-
gleurs et tireurs de cartes, de ces maîtres d'un art où le don de prédire est
placé au bout des doigts, et sous la
main desquels ces cartons colorés sem-
blent s'animer, et, dans le mouvement
accéléré qu'ils leur impriment, obéir

comme par magie à leur jargon inin-
telligible. Cette sorte de gymnastique
des doigts répondait chez Stéphano à
son adresse dans l'exécution de petits
ouvrages mécaniques, pour lesquels
il prétendait avoir un goût passionné.

Aussi dès qu'il eut pris possession de
son nouveau local, il y établit un ate-
lier où il frappait, tournait durant
des journées entières, et, ce qui devait
paraître étrange, quelquefois même
jusques dans la nuit. Son valet de
chambre, qui était en même temps son
aide, avait seul la permission d'y entrer. Cependant chaque nouvelle pro-
duction des deux mécaniciens, qui
paraissait au grand jour, était d'un travail si élégant et si achevé, que le beau
monde de Gueldau trouvait à peine des

termes assez forts pour exprimer son admiration ; très souvent même dans les soirées que Stéphano donnait fréquemment aux jeunes gens et aux dames, toutes les fois qu'il daigna exécuter devant eux les tours les plus adroits et leur montrer ses chefs-d'œuvre, tel fut l'effet de leur ravissement, qu'ils laissèrent éteindre les cigares et refroidir le thé.

Si l'habile étranger auquel plusieurs mois de séjour à Gueldau avaient suffi pour s'insinuer dans l'intimité des habitans, savait charmer la jeunesse par ses tours et ses jongleries, il ne réussissait pas moins auprès des vieillards, et surtout de son voisin Rothmann, en les prenant par leur faible, chose facile à saisir dans les gens d'un certain âge. Il leur opposait des batteries électriques dont il augmentait efficacement et par degrés la charge, jusqu'à ce que leur langue bégayât et que leurs jambes vinssent à chanceler. Les connaisseurs en physique n'ont pas besoin que l'on ajoute qu'il ne produisait pas de tels effets avec des bouteilles de Leyden, mais bien par la vertu plus opérative de celles que l'on remplit sur les bords du Rhin.

Qui n'aurait regardé un homme doué de talens aussi rares comme un trésor inappréciable pour les sociétés de Gueldau?.... Cependant il se trouva quelques personnes qui ne cédèrent pas à la séduction, qui se permirent même plusieurs marques d'improbation. Nous ne nommerons ici que le

vénérable précepteur de Clémentine,
le premier pasteur du lieu, lequel fit
observer aux panégyristes de Stéphano
qu'on ne le voyait jamais à l'église, et
le prévôt qui se piquait d'être un sa-
vant physionomiste. Ce dernier, par
exemple, avait cru découvrir à la ra-
cine de son nez cette ligne perpendicu-
laire et très-significative qui paraît être
le signe distinctif de l'ordre des *Mé-
phistophélès*. Sa bouche recélait souvent
un sourire sardonique qu'un mouvement convulsif laissait échapper, et ses
regards incertains trahissaient des ruses
cachées et le trouble d'une conscience
timorée. Le même observateur soutenait encore qu'au milieu des éclats de
rire que savait provoquer Stéphano par
ses tours joyeux, un sombre nuage
avait plus d'une fois parcouru sa figure,

et qu'il n'avait pu s'empêcher d'en frémir; enfin il l'accusait de se jouer de tout le monde.

CHAPITRE VIII.

Conjectures, Projets, Moyens de séduction.

Bien que l'aimable Clémentine fût loin d'approfondir comme le prévôt *Lavater* le jugement qu'elle portait sur l'étranger, elle ne s'en fiait pas moins aux sentimens naturels que lui dictait son cœur innocent et pur. Un jour que ses jeunes compagnes, surprises et ravies du bal brillant que Stéphano leur avait donné la veille, se répandaient en éloges sur son compte :

— Je vous assure, leur dit-elle, qu'en dépit de toutes ses manières charmantes, il me paraissait ressembler à un vautour qui reçoit une société de timides colombes..... Ses regards me faisaient éprouver un frissonnement dont je n'étais pas maîtresse, et à chaque instant il me semblait que, surmontant toute feinte, et s'abandonnant à la violence de son caractère, il allait porter ses cruelles serres sur le cœur sanglant d'une de ces pauvres victimes.

Elles se moquèrent toutes de cette singulière comparaison, comme étant mal fondée ; mais Clémentine resta pensive et presque mélancolique auprès de sa table de travail, et garda le

silence ; un secret pressentiment semblait l'avertir que c'était sur elle-même
que le vautour avait fixé ses yeux perçans.

Elle ne se trompait point ; il n'y a
que les personnes simples et frivoles
de son sexe qui se méprennent au sujet
de l'influence de leurs charmes ; mais
les belles qui ressemblent à notre spi-
rituelle héroïne, devinent l'inclination
naissante d'un homme long-temps avant
qu'il puisse s'en rendre lui-même parfaitement compte.

L'amour dont Stéphano s'était si
souvent joué durant le cours d'une vie
pleine de traverses , parut préparer
enfin contre lui-même une vengeance
sérieuse. La résolution de s'arrêter
quelque temps à Gueldau pouvait bien
avoir des rapports avec certaines af-

faires ; mais la jolie pupille de Rothmann l'y retenait plus que tout le reste.

La bonne Marguerite faisait bien
aussi ses petites conjectures ; mais,
éblouie, comme tant d'autres, par les
manières de Stéphano, par le luxe
qu'elle voyait régner dans sa maison,
loin de concevoir de lui une opinion
aussi désavantageuse que le faisait Clémentine, elle remarquait avec de secrets mouvemens de joie les soins tout
particuliers qu'il rendait à sa fille adop-
tive ; il lui arriva même de sortir un
jour de son armoire les habillemens
sous lesquels elle avait paru si jolie le
jour de sa noce, afin d'examiner si tout
était bien en règle.

Stéphano croyait sans doute former
bientôt une femme sans expérience,

et d'une petite ville de province, au premier rôle d'amoureuse dans l'intermède qui lui servait de passe-temps pendant l'hiver ; et lorsque la pièce eût été jouée, l'artiste modeste aurait disparu pour toujours derrière les coulisses. Mais ses premiers essais, tels que l'épreuve de la lecture, l'avaient déjà convaincu que sa science ordinaire était en défaut avec une pareille élève. Il trouva chez Clémentine des principes invincibles de vertu qui avaient la morale et la religion pour base, et que fortifiaient encore la simplicité, la candeur de son caractère jointes à la raison et à un esprit cultivé. En vain déploya-t-il toute son adresse et tous ses agrémens, la jeune fille ne lui donna pas le moindre signe de préférence ; et peut-être ces nuages sombres que le

conseiller de justice soutenait avoir
aperçus quelquefois sur son visage au
milieu de ses saillies et de ses manières
enjouées, provenaient-ils de ce qu'il
remarquait le peu d'efficacité de son
art sur la personne contre laquelle il
était spécialement dirigé.

Des obstacles de ce genre, fondés sur
les sentimens les plus purs d'un cœur
honnête et pieux, finissent ordinairement par rebuter l'homme léger qui
ne regarde la séduction que comme un
moyen agréable d'échapper à l'ennui
de l'oisiveté. Mais Stéphano était un de
ces êtres dangereux pour les femmes
qui, s'enflammant davantage à mesure
qu'ils se voient arrêtés par de nouvelles
difficultés, s'attachent bientôt avec une
violence toujours croissante à l'objet

qu'ils n'avaient d'abord saisi que fai-
blement , et qui enfin , pareils aux
vautours (nous empruntons à Clémentine ses propres expressions), aiment
mieux déchirer leur proie que la
laisser échapper.

Peut-être aussi qu'un amour passionné triompha pour la première fois
dans son cœur de la légèreté de ses
principes..... D'où venait alors cette
sombre inquiétude qui se répandait
subitement sur tous ses traits, quand,
cédant à une puissance qu'il lui semblait impossible de combattre , il osait
s'arrêter un moment à la pensée d'é-
pouser Clémentine ? Ses dents se ser-
raient les unes contre les autres ; ses
regards farouches erraient autour de
lui sans pouvoir s'arrêter sur aucun

7..

objet; sa physionomie prenait une expression sinistre ; tout annonçait que
son âme était en proie à de violens
combats; mais surmontant bientôt la ter-
reur qui avait semblé l'abattre quelques
instans :

— Qu'importe ? s'écriait-il , un
pas de plus vers l'abîme ne m'englou-
tira pas.

Stéphano manifesta donc ouverte-
ment l'intention d'épouser Clémentine; était-ce pour toujours, ou seulement pour défaire , à la première
occasion , un lien adroitement tissu ,
de même qu'un jongleur détruit d'un
souffle le nœud le plus serré en appa-
rence ? C'est ce qu'il n'approfondit
peut-être point lui-même dans le moment.

Ses prétentions, de plus en plus
visibles, auraient moins inquiété Clémentine, si la faveur dont il jouissait
auprès de ses parens adoptifs, et qui
augmentait chaque jour, n'eût éveillé
en elle le pressentiment d'un combat
difficile et inévitable. En effet, la lutte
commença plus tôt qu'elle ne s'y était
attendue ; mais elle en sortit d'abord
victorieuse : Stéphano en avait amené
lui-même le résultat.

Un soir que l'élite des sociétés
de Gueldau se trouvait réunie chez
Rothmann qui cherchait toujours,
comme auparavant, à force de luxe
et de magnificence, à soutenir dignement la comparaison avec son ami, ce
dernier louait, plaisantait, jouait,
contait selon sa coutume, et s'attirait les

regards bienveillans des jeunes filles
en même-temps que le sourire appro-
bateur des mères : entr'autres nouveaux
chefs-d'œuvre de son art, il produisit
une boîte travaillée en or et en ivoire,
que l'on admira comme elle le méritait ;
la forme de ce bijou était si élégante,
les ornemens de ciselure si parfaits, que
l'on prit l'extérieur pour la partie principale, et que, dans le ravissement
qu'excita une telle merveille, personne
ne songea d'abord à l'ouvrir ; mais l'artiste, qui avait son plan, s'empressa
bientôt de réparer cet oubli.

— Vous ne savez peut-être pas,
mesdames, dit-il en soulevant le couvercle, que l'on regarde comme un
prodige l'écuyer assez habile pour
tourner autour d'un point donné, de

manière à former un cercle parfait....
Eh bien ! tel maître expert, qui cherche
du service, attend la permission de se
montrer.... Sors, petit, et prouve ta
science.

Stéphano, en parlant ainsi ; place
au fond de la boîte un gros brillant
monté à jour et en forme de cœur ;
puis appuyant sur un ressort , il fait
paraître un petit char de nacre et ar-
rondi en coquille ; un amour, tenant
les rênes, conduisait par un fil d'or
deux blanches colombes que certain
mécanisme caché faisait mouvoir en
cercle ; les roues tournaient ; le guide,
au lieu de fouet, agitait une flèche
dorée, et les ailes des oiseaux s'ou-
vraient et se fermaient alternativement :
on ne pouvait rien voir de plus in-
génieux.

Si l'ambition de Stéphano se fût
bornée à exciter l'admiration , rien
n'eût manqué à son triomphe. Toutes
les jeunes filles se pressèrent autour de
lui pour examiner un chef-d'œuvre qui
surpassait tout ce qu'elles avaient vu
jusqu'alors ; leurs regards indécis ne
savaient s'ils devaient s'arrêter sur le
petit conducteur ou sur le superbe
cœur en diamant. Que de désirs s'éveil-
lèrent secrètement! car le galant artiste
faisait habituellement présent à quelques demoiselles des bijoux qu'il sou-
mettait à leur curiosité ; mais à qui
reviendrait celui-ci ? sans doute il était
d'un trop grand prix pour ne pas au-
toriser celle qui le recevrait à espérer
quelque chose de plus sérieux ; et combien cette pensée faisait travailler de
petites imaginations ! Quelle anxiété

lorsque la boîte merveilleuse fut reve-
nue entre les mains de celui qui allait
en disposer! Clémentine seule restait
muette et anéantie ; elle ne pouvait se
défendre d'un pressentiment cruel qui
ne se réalisa que trop tôt ; car Stéphano
déclara que la boîte ne lui appartenait
plus , mais à celle dont elle renfermait
le nom. Soit que dans l'examen d'un
travail aussi délicat, l'œil n'eût point
aperçu d'abord le chiffre qui s'y trouvait, soit que l'artiste en eût adroitement
remplacé le couvercle par un autre, on
y vit alors distinctement gravées en or
les lettres dont se composait le nom de
l'aimable pupille de Rothmann.

Clémentine, que ce dénoûment
avait moins surpise qu'on n'aurait pu
l'imaginer, avait pris sur-le-champ

la résolution de ne point accepter un
don aussi riche que significatif; mais
étourdie d'abord par les félicitations
sincères ou non de ses jeunes compagnes, et surtout par les remercîmens
empressés de Rothmann et de Marguerite qui, prenant la parole pour elle,
assurèrent Stéphano de toute sa reconnaissance, elle ne put qu'essayer quelques mots de refus que l'on interpréta
dans un sens contraire; de même que
son saisissement fut regardé comme
l'expression de sa joie et de sa surprise;
enfin le petit chef-d'œuvre se trouvait
déjà dans son sac qu'elle ne savait pas
encore comment il y était entré.

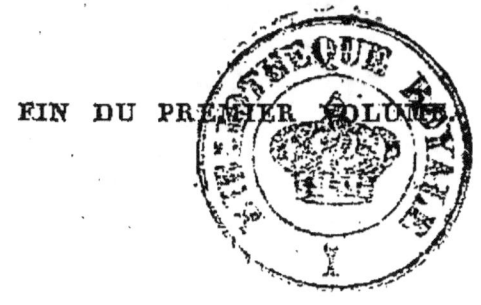

FIN DU PREMIER VOLUME.

TABLE DES CHAPITRES

CONTENUS DANS LE PREMIER VOLUME.

———

———

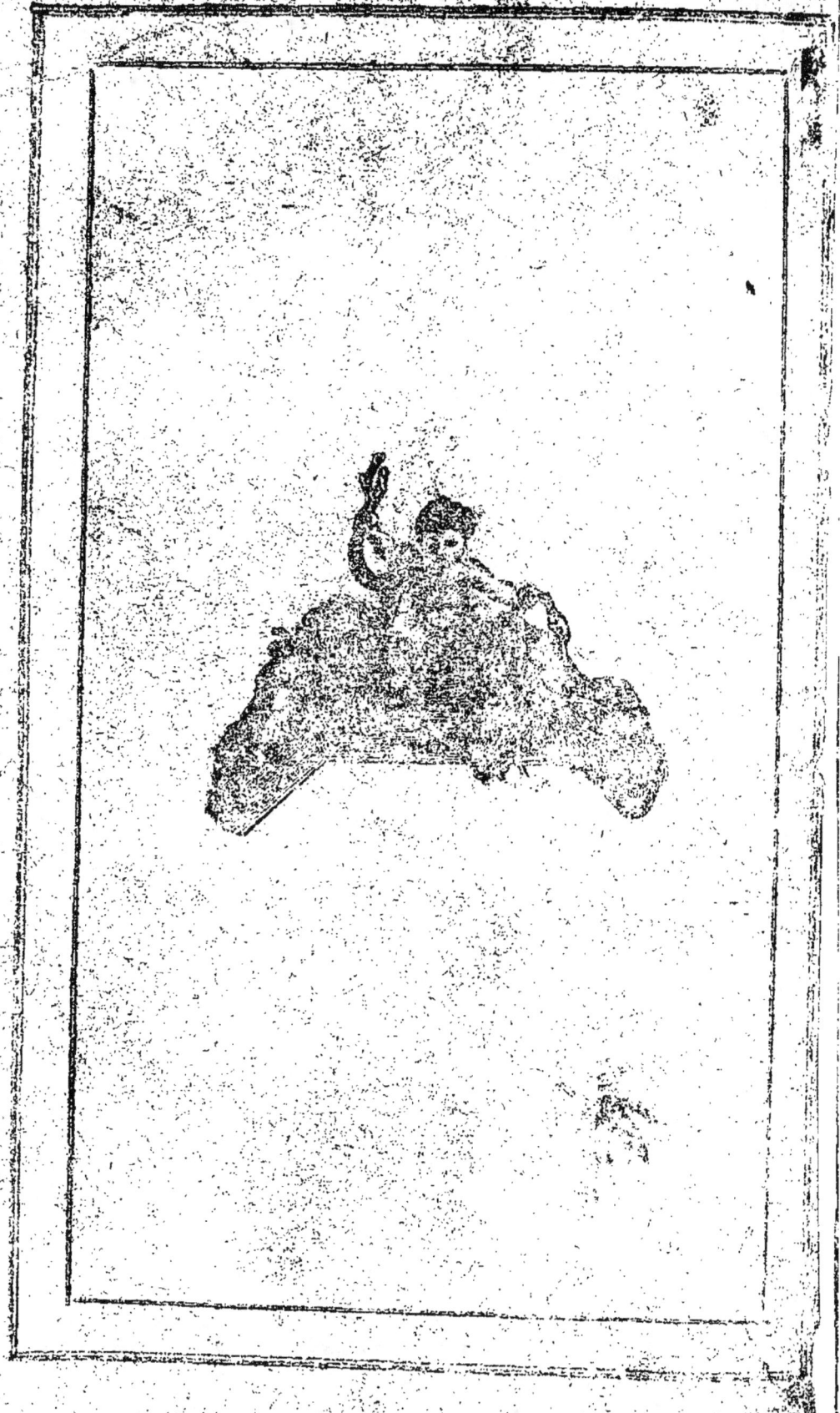

L'EXPOSITION

DE TABLEAUX,

ou

LE FAUSSAIRE;

PAR H. DE MOLIÈRE.

La vie ressemble à une coupe d'eau limpide,
qui se trouble à mesure qu'on la boit.

TOME DEUXIÈME.

PARIS.

FROMENT, ÉDITEUR,

RUE DAUPHINE, N. 24;

MADAME Vᵉ CH. BÉCHET, LIBRAIRE,

QUAI DES AUGUSTINS, Nᵒˢ 7 ET 59.

1830.

Imp. de Félix Locquin, rue N.-D.-des-Victoires, nᵒ 16.

L'EXPOSITION

DE

TABLEAUX.

IMPRIMERIE DE FÉLIX LOCQUIN,

RUE NOTRE-DAME-DES-VICTOIRES, N° 16.

www.ingramcontent.com/pod-product-compliance
Lightning Source LLC
Chambersburg PA
CBHW071536220526
45469CB00003B/808